中学生の質問箱

天皇制ってなんだろう?

あなたと考えたい民主主義からみた天皇制

宇都宮健児

平凡社

私たちの生きる社会はとても複雑で、よくわからないことだらけです。困った問題もたくさん抱えています。普通に暮らすのもなかなかタイヘンです。なんかおかしい、と考える人も増えてきました。

そんな社会を生きるとき、必要なのは、「疑問に思うこと」、「知ること」、「考えること」ではないでしょうか。裸の王様を見て、最初に「おかしい」と言ったのは大人ではありませんでした。中学生のみなさんには、ふと感じる素朴な疑問を大切にしてほしい。そうすれば、社会の見え方がちがってくるかもしれません。

中学生の質問箱

天皇制ってなんだろう？

あなたと考えたい民主主義からみた天皇制

もくじ

はじめに

こんにちは。私は宇都宮健児といいます。弁護士です。

この本が出版されるのは２０１８年の12月の予定ですが、２０１９年には今の天皇が生前退位し、次の天皇が即位することになっています。天皇の「ビデオメッセージ」を発端に、亡くなる前に退位することを認める特別な法律をつくり、退位と即位の日が決められました。これによって、天皇制のあり方がひとつの転換点を迎えます。

長い間天皇制がつづいてきた日本では、天皇制は空気や水のように、当たり前のもののように定着していますが、じつは、長い歴史のなかで天皇制のあり方も変わってきていま す。そして今回、また少し現代の天皇制も変化することになりました。

この機会に、天皇制がなぜつづいてきたのか、時代時代の天皇制のあり方について、振り返って考えてみたいと思います。

でも、どうして天皇制についての専門家、研究者ではない弁護士が天皇制について話すのかと思いますよね？　そのことについて、簡単にお話しします。

まず、弁護士とは、法律にもとづいて困っている人、人権を侵害されている人を助けるのが仕事です。１９４９年に施行された「弁護士法」のいちばん最初、第1章第1条に次のように書かれています。

「弁護士は、基本的人権を擁護し、社会正義を実現することを使命とする」

基本的人権が守られない人の多くは、社会的、経済的に弱い立場の人や、〝一般的ではない〟とされるさまざまなマイノリティ（少数者）の人たちです。裕福な人、権力のある人は自分の人権を自分で守れるからです。ですから弁護士の使命は、弱い立場の人の味方をすることです。

――弁護士って、お金のある人のために働くんじゃないの？

もちろん、企業の顧問弁護士など、そういう弁護士もいます。でも、私は弁護士になるときに、弁護士法第1条に示されているような活動をしようと決めて、これまでそのように活動してきました。

その活動のなかで天皇制について考えるようになりましたが、じつは、弁護士になる前は、天皇制についてとくに考えたことはありませんでした。ただ、父は20歳のときに徴兵されて、青春まっただなかの10年間を戦争に従事しました。銃撃を受けて負傷し、歩くときは足をひきずっていた父から、よく「日本は神の国だから負けるはずないと思っていた」と聞いていました。「神の国」とは天皇の国ということです。

弁護士になって、人権を守る仕事を始めると、疑問に思うことがでてきました。

法律の大本となる日本国憲法では、「法の下の平等」を謳っています。そして、基本的人権を保障しています。これらは憲法の中でもいちばん重要な原理です。法の下の平等はすべての人が平等でなければなりませんし、基本的人権も、ある人とない人があっていいわけではありません。お金持ちも貧乏人も、障がいを抱えている人も障がいのない人も、みんなが法の下では平等で、みんなに人権があります。そこに差別があってはなりません。でも、法の下の平等、基本的人権ということについて考えを深めていくと、天皇制と矛盾がでてくるのではないか？　と思いはじめたのです。

どうしてそう思ったのかは、この本のなかでお話ししていきます。

その前に、もう少し私自身のことをお伝えしておきます。

弁護士の活動として私が最初に取り組んだのは、高い利子でお金を借り、厳しい取り立てに追われて困りきっている人たちを助けることでした。当時、借金で人生がめちゃくちゃになってしまう人たちがたくさんいて、「サラ金問題」として社会的な問題になっていました。

この問題に取り組むなかで、利子に関する法律に問題があることがわかり、仲間とともに国会に働きかけて、法律の改正を求めました。一人ひとりの被害者を法律にもとづいて助けるという弁護士の仕事から一歩踏み出して、「サラ金問題」解決のために、社会の制度そのものをよくするための活動をはじめたのです。長年の運動の結果、２００６年に「貸金業法」の改正が実現しました。

その後も、貧困問題や、２０１１年の東日本大震災と福島原発事故の被害者の支援などに、弁護士として取り組むとともに、その問題の解決のために積極的に社会に働きかけてきました。そして、その一環として２０１２年と２０１４年の２度、東京都知事選挙に立候補しました。結果は落選しましたが、いずれも２番目に多い票を得ることができました。

今回、「中学生の質問箱」シリーズで天皇制について話してほしい、という依頼があったことから、改めて天皇制について調査し、勉強し、考えました。それをもとに法律にもとづいて「基本的人権を擁護し、社会正義を実現する」という弁護士の視点からみた天皇制について、お話ししたいと思います。

第1章

どうして日本には天皇制があるの？

——日本の天皇制って、すごく古くからつづいてるんでしょ？

日本の天皇制には長い歴史がありますが、直接的に今につながる天皇制が形づくられたのは、明治維新のあとです。

明治にどんな天皇制がつくられたかは第2章で詳しくみていくとして、まずは、それまでの天皇制について、歴史をさかのぼって順に見ていきましょう。

天皇について書かれているもっとも古い書物は、『古事記』と『日本書紀』です。どちらも奈良時代の天武天皇（在位673〜686年）の勅命（ちょくめい）により編纂（へんさん）され、『古事記』は712年、『日本書紀』は720年ごろ完成しました。

『古事記』は3巻あり、物語ふうに天皇家の歴史を示しています。国内向けに天皇家の正当性を主張するものだと考えられています。第1巻が神話時代の話で、「因幡（いなば）のしろうさぎ」などの出雲神話が書かれています。『日本書紀』は天皇家の統治下の出来事が年代順に漢文で書かれ、朝鮮半島に出兵した出来事も書かれています。30巻におよぶ歴史書です。国外向けにまとめられた性格を持っています。

どちらも、天皇による支配が確立してからまとめさせた、自分たちの物語、歴史だという側面は頭に入れておくべきでしょう。

『古事記』には、「イザナギノミコト（伊邪那岐命）」と「イザナミノミコト（伊邪那美命）」という夫婦の神様が島々を生み、日本の国が生まれたという神話が書かれています。イザナギノミコトの左目から「アマテラスオオミカミ（天照大御神）」が生まれたとも記しています。また、神の子孫であるカムヤマトイワレビコノミコト（神倭伊波礼毘古命）を初代の天皇（神武天皇）とし、第33代の推古天皇（在位592～628年）のことまでが書かれています。

『古事記』に登場する天皇の中で、考古学資料によって存在が裏付けられる最初の天皇は第21代の雄略天皇です。

5世紀末の中国の書物『宋書　倭国伝』には、「倭の五王」が朝貢（中国の朝廷に貢物をすること）してきたと記されています。五王とは、讃・珍・済・興・武の5人ですが、いずれも倭国王と名乗っていたとされています。

1968年に、埼玉県行田市の稲荷山古墳から発見された稲荷山鉄剣の銘には「ワカタケル（獲加多支鹵）大王」の文字が彫られていました。この大王は五王のなかの武王であると考えられ、『古事記』における「オオハツセノワカタケルノミコト（大長谷若建命）」、すなわち雄略天皇のことだと考えられるのです。

『日本書紀』によると、紀元前660年に初代の神武天皇が即位したとされていますが、紀元前660年というと弥生時代で、この年代には日本のどこにも強力な国家が成立していなかったことが発掘調査で明らかになっています。

史実として天皇を中心とした統一政権が成立したのは、だいたい5世紀くらいだと考えられています。そのころから飛鳥時代（592〜710年）にかけて全国を統一して、奈良時代（710〜794年）、平安時代（794〜1185年）の後半くらいまで、実際に政治に関与して権力を行使する天皇制が確立した時代があったことが文献で確認できます。

国を治める権力を一人の最高の位の人が持つ、このような国のあり方を君主制（王制）と呼びます。

——日本の始まりというと卑弥呼のイメージがあるけど、卑弥呼は天皇じゃないの？

邪馬台国の卑弥呼は、230年頃に書かれた中国の『三国志』のなかの『魏志倭人伝』に登場します。「倭国の王」として、当時の倭国（日本）の状況とともに書かれています。

天皇を中心とした統一政権が成立したのは、5世紀くらい

男性の王の時代がつづいて、内乱がやまないので一人の女子を立てて王としたところ国が治まった、ということが書かれています。

それから飛鳥時代までの約４００年近くは、日本にも中国にも、当時の日本の様子を記した文献が残っていないため、どんなことが起きていたのかは知ることはできません。

卑弥呼が生きていたのは２００年代と考えられていますが、『古事記』や『日本書紀』には登場しません。ですから、別の名前で登場しているのではないかということで、卑弥呼はアマテラスオオミカミではないかと考える人もいますし、江戸時代後期の国学者本居宣長は、神功皇后が卑弥呼であり、邪馬台国は大和国のことだと考えていたようです。けれども、卑弥呼と天皇家の関係、邪馬台国と大和国の関係はまだはっきりしていません。

本居宣長が『古事記』を研究した『古事記伝』についてはあとで触れます。

奈良時代に即位した桓武天皇（在位７８１～８０６年）については、学校で学習したのではないでしょうか。都を平城京から長岡京に移し、その後、さらに平安京に移した２度の遷都や、坂上田村麻呂で知られる蝦夷討伐などを行ったことで有名です。

２００１年、天皇誕生日に際して、天皇は記者たちから、歴史的、地理的にも近い国である韓国にたいしての関心、思いなどを聞かれました。翌年が日韓共同開催のサッカーワールドカップの年だったからです。それにたいして天皇は、日本と韓国には古くから人々の深い交流があったことが『日本書紀』などに詳しく記されていること、自分自身は、桓武天皇の生母が百済の武寧王の子孫であると『続日本紀』に記されていることに、韓国との縁を感じている、というようなことを言っています。

桓武天皇の母が、百済系渡来人の出身者だったことは学術的にも認められています。百済とは4～7世紀ごろに朝鮮半島にあった国です。

文化や技術の先進地域だった大陸（中国大陸、朝鮮半島）から来た人々は、「渡来人」と呼ばれ、農業技術や土木・灌漑技術、文字、仏教、儒教、医学、政治制度、養蚕、酒造などさまざまな技術や知識をもたらしました。ですから、当時の支配層にとって非常に重要な存在で、漢氏や秦氏などの例があるように、渡来人をいかに味方につけるかがひとつの権力基盤になっていました。

――渡来人も学校でならったことあるよ。

そうですね。渡来人ぬきに日本の古代史は考えられません。

そのなかで天皇が統治する制度が固められていき、平安時代までは天皇が実権をにぎって、権威と権力を両方持っていた時代でした。

平安時代末期に平清盛らによって、天皇の家来だった「武家」が力を持って実権をにぎります。その後の鎌倉時代（1185〜1333年）からは本格的に武家が政治の権力を持つ武家政権時代になります。以後、室町時代、戦国時代、安土桃山時代、江戸時代（1603〜1867年）まで、武家の時代は700年近くつづきました。

ヨーロッパ史と比較すると、おおおまかに500〜1500年ごろが中世、1500〜1800年ごろが近世、1800年以降が近代ですから、中世のなかばから近代のはじめに相当します。

他の世界の王制の国々では、政権が変わると、それまでの王朝は廃絶されたり、政権を追われた王は処刑されたりしています。けれども、日本ではそういうことはなく、ずっと天皇家が存在しつづけました。

――考えてみたら、不思議だね。

それには、いろいろな理由があったと考えられます。ひとつには、武家は古代からつづく天皇家や公家とちがって、いわゆる「血筋」がしっかりしていないため、権威づけに利用された、ということです。

とくに戦国時代は下克上の時代で、力のあるものが地域一帯を制して権力争いを展開しました。お互いに牽制しあい、不満をもつ武士軍団がいるなかで安定した支配を築くためには、統治することの正当性が必要でした。そのために、古代からつづく伝統的な権威のある天皇から位を授けてもらい、自らの正当性を証明することが有効でした。

天皇家にとっては、権威を保って存続できますから、こういう持ちつ持たれつの関係が、天皇家を存続させたのではないか、と考えられています。

平清盛は「太政大臣」、鎌倉幕府を開いた源頼朝は「権大納言」、「右近衛大将」、最後は「征夷大将軍」の位を授けられました。豊臣秀吉は「関白」、「太政大臣」の位を授けられています。「豊臣」という姓も天皇から与えられたものです。徳川家康は「征夷大将軍」の位を授けられ、以後、徳川幕府の最後まで徳川家当主には代々征夷大将軍の位が授けられました。江戸時代、権力の頂点に立つ人を「将軍」と呼ぶのはそのためです。

天皇から権威を与えてもらう一方で、徳川幕府は１６１５年、「禁中並びに公家諸法度」という法律を制定して、天皇家を京都に封じ込め、一般の社会に出ないようにきびしく規制しました。

――そんなことしてたんだ。

はい。それでも天皇家そのものをなくさなかったのは、全国の大名をだまらせるために必要だからです。天皇から征夷大将軍の位をもらって、全国の武士を徳川の支配に応じさせていた、国内安定のための統治手段だったのです。

この方式は江戸末期までつづきましたが、外国からの圧力で揺さぶられます。

江戸時代末ごろは、約２７０の藩が存在していました。藩ではそれぞれ武力を持っていて、藩札（はんさつ）というお金も出して、年貢（ねんぐ）（税金）もそれぞれの領民から藩のお殿様（大名）が集めて、統治していました。いわば、２７０の国が存在していたようなものです。

１８００年代になると、ロシアやイギリス、アメリカの使節や軍艦などが北海道（当時は蝦夷地（えぞち））や浦賀、長崎、沖縄（当時は琉球（りゅうきゅう））に来航するようになります。それにたいして幕府は、１８２５年、沿岸に近づいた外国の船は見つけ次第に砲撃するよう「異国船打払令（いこくせんうちはらいれい）」を出しています。そのため、誤って外国の商船を砲撃した事件もありました。清（しん）（中国）がアヘン戦争ののち、イギリスと不平等な条約を結ばされた１８４２年には、「薪水給与令（しんすいきゅうよれい）」を出し、外国船に燃料や水、食料などを与えるように方針を転換しています。

江戸時代末期ごろは
270の藩（国のようなもの）が存在していた

1853年にペリー来航（黒船来航）がありました。アメリカ海軍東インド艦隊司令長官のペリーは、艦船4隻で浦賀に来航、大統領の国書を渡して、幕府に開国を迫りました。

――知ってる。それから明治維新になるんだよね？

はい。欧米諸国の軍事力、技術力を見せつけられて、日本の中にひとつの国にまとまって外国に対抗しなければならない、という危機感が広がりました。外国の脅威にさらされるなか、徳川幕府が倒されて、新しい国の体制がつくられる明治維新を迎えます。

明治維新を担った薩摩藩、長州藩、土佐藩、肥前藩の下級武士たちが思想的に影響を受けたのが「国学」と呼ばれる学問でした。

そのひとつが本居宣長による『古事記伝』でした。44巻にわたる大著で、1790年から1822年に刊行されています。『古事記』が記されてからおよそ1000年後に、国学者の本居宣長が『古事記』を研究してまとめたものです。

神武天皇は『古事記』では137歳『日本書紀』では127歳

——1000年後にどうして?

そのころ、『古事記』『日本書紀』『万葉集』などを研究して、儒教や仏教が渡来する以前の日本固有の文化、古代日本の制度をさぐろうとする動きがあったのです。

『古事記伝』では、「日本は太陽の神の天照大御神が生まれた国で、その孫のひ孫の神武天皇を初代とする天皇は代々その座をうけついできた。天皇の地位は太陽の神と同列で永遠につづく」としています。

『古事記』や『日本書紀』に書かれている古代天皇の誕生した干支(えと)、崩御(ほうぎょ)した干支その他の情報をひろいあげて計算すると、『日本書紀』の場合、初代から21代までに100歳をこえる天皇が12人、『古事記』だと8人登場します。初代天皇の神武天皇は『古事記』では137歳、『日本書紀』では127歳の超長寿ということになっています。

どう考えてもおかしいのですが、1730年生まれの本居宣長は『古事記』に出てくる神話は全部事実だとしています。

そして、神功皇后は卑弥呼のことであると考えました。『古事記』と『日本書紀』には、神功皇后が朝鮮半島に攻めていくと、百済、新羅(しらぎ)、高句麗(こうくり)の3つの国が降伏したと書かれています。神功皇后であるなら中国に貢物をするはずはないので、卑弥呼が「朝貢」していたという『魏志　倭人伝』の記述は事実ではない、としました。

もうひとつ、明治維新の思想に影響を与えたのが水戸学です。

水戸学とは、1700年代末ごろ水戸藩において確立された学問で、1800年代に入って欧米やロシアなど外国の圧力が日本にかけられるようになったとき、天皇を中心に国をつくり、外国を打ち払う「尊王攘夷（＝天皇を尊び、外国を打ち払う）」という思想を打ち出しました。

これらの考え方は、幕藩体制のように全国に権力が分散していては、開国の要請などの欧米諸国の圧力に対抗できない、という危機感をもった下級武士たちの思想的な裏付けとなり、明治維新やその後の国家づくりの中で参考にされました。

こうして、明治維新では中央集権的な国家づくりのために、天皇が権力をもっていた古代日本がモデルにされました。1868年に幕府が政権を天皇に返上した「大政奉還」ののち、「王政復古」が行われ、天皇のもとに日本が統治される、天皇中心の中央集権国家がつくられました。

――明治時代って欧米の国を参考にして、新しい時代にあわせて国の形をつくったんじゃなかったの？

明治維新によって、天皇中心の中央集権国家がつくられた

もちろん、そういう面も大きいです。維新を担った武士たちは、天皇の権威のもと、新たな職をつくり重臣、官僚になって、実質的には自分たちが政治を行っていく、ということを考えたのだと思いますが、政治権力の側面から見るとこのように言うことができます。

ここで、世界に視野を広げて、当時がどんな時代だったかみておきましょう。

15世紀の大航海時代以降、世界では、ヨーロッパの国々がアメリカ大陸やアフリカ、中東地域、アジアなどに侵出し、武力で支配下におく植民地にしていきました。18世紀のイギリス産業革命、フランス革命などを経て、近代国家となってますます強大な力を持つようになったヨーロッパの国々に、独立したアメリカ合衆国も加わって、18世紀後半から19世紀にはアジアやアフリカでの勢力拡大にしのぎを削るようになっていきました。

そして、歴史的にアジアで中心的な地位をもっていた大国、中国もこれら欧米列強の標的になっていました。

中国は古代から数多くの王朝が誕生し、いくつもの王朝が同時に存在したり、統一した王朝ができることもありましたが、中国最後の王朝は清(しん)王朝で、1644年から中国全土の支配を始め18世紀には広大な地域で支配を確立しました。

18世紀後半には、アジアに進出してきたイギリスやアメリカとの交易が始まります。19世紀なかばの1840年、イギリスは清の沿岸部に侵攻して「アヘン戦争」を起こし、1842年に清が敗北。清は「南京条約」を結ばされます。この条約は、香港島の割譲、賠償金の支払い、上海ほか5つの港の開港、イギリス人が清国の法律で裁かれない「治外法権」や、関税率を決める権利「関税自主権」を認めない、「最恵国待遇」（清が他の国と条約を結んで、それがイギリスよりもその国に有利な条件だったときは、イギリスも同じ条件にする）を承認する内容で、力を背景にした「不平等条約」でした。

1856年、イギリスが「第二次アヘン戦争」（「アロー戦争」とも呼ばれています）を起こしたことをきっかけに、イギリスとフランスの軍が北京を占領し、清は1860年にイギリス、フランス、ロシアと「北京条約」という新たな不平等条約を結ばされることになりました。

この条約により、清はイギリス、フランスに賠償金を払うことや、北京への外交官の駐留を認めること、九竜半島南部の割譲、自国民の外国への移民（安い労働力とするため）を認めさせられたほか、中国東北部の「外満州」がロシアに割譲されました。

――戦争をしかけて領土を自分のものにするんだね。

アヘン戦争始まる	1840	
南京条約調印	1842	
	1844	オランダ国王、特使を派遣して開国通商を勧告
	1849	イギリス軍艦、浦賀と下田に来航
	1853	ロシア使節プチャーチン、長崎に来航 アメリカ東インド艦隊司令長官ペリー、浦賀に来航
	1854	ペリー再来航、日米和親条約調印
第2次アヘン戦争始まる	1856	初代駐日総領事ハリス、下田に着任
インド全土がイギリスの植民地に	1858	
北京条約調印	1860	遣米使節団、アメリカへ
	1862	薩摩藩士、生麦でイギリス人を殺傷（生麦事件）
カンボジアがフランスの保護国に	1863	薩摩藩、イギリス艦隊と交戦（薩英戦争） 長州藩、外国商船を砲撃（下関戦争）
	1867	大政奉還、王政復古
	1868	江戸城開城。明治と改元

はい。武力を背景に、あるいは直接武力を使って、弱い国を占領、支配したり、植民地にしていく帝国主義は第二次世界大戦までつづいていきます。

中国だけでなく、16世紀末からスペインの植民地となっていたフィリピンのほか、他のアジアの国々も、同じようにイギリスやフランス、アメリカなどの国々から干渉をうけ、1800年代後半にはつぎつぎに国の主権も奪われ植民地にされていきます。

1858年　インド全土がイギリスの植民地に
1863年　カンボジアがフランスの保護国に
1886年　ビルマがイギリスの植民地に
1887年　ベトナムがフランスの植民地に
1893年　ラオスがフランスの保護国に

保護国は一応独立国ですが、外交や軍事などは宗主国が支配する植民地に近い状態です。

1853年の黒船来航は、清がアヘン戦争に負けて「南京条約」を結ばされたあとでした。幕末の日本もつぎつぎに不平等条約を結ばされていました。

1854年　アメリカと「日米和親条約」、イギリスと「日英和親条約」
1855年　ロシアと「日露通好条約」、オランダと「日蘭和親条約」
1858年　アメリカ、オランダ、ロシア、イギリス、フランスと「安政五カ国条約」
1860年　ポルトガルと「日葡修好通商条約」
1861年　プロイセンと「日普修好通商条約」
1866年　イタリアと「日伊修好通商条約」

——こんなにたくさん？　日本も植民地にされかかってたんだね。

はい。このような中で、欧米諸国と対抗できる新しい国をつくろうという動きが起こってきたのでした。そのとき運動の中心となった下級武士たちがモデルとしたのが、天皇が権威だけでなく権力ももつ、天皇を中心に統一した国、という古代日本のあり方だったわけです。

と同時に、一方では、欧米諸国に対抗するために、彼らがお手本にしたのは「近代国家」

である欧米列強の国のあり方でした。

日本がお手本にした当時の欧米諸国がどんな国だったのか、少し歴史を振り返っておきましょう。ヨーロッパの国々も、昔は多くが、王制（君主制）でした。

●イギリス

イギリスもかつては絶対王政と呼ばれる、君主が絶対的な権力を持つ体制でした。ですが、世界中に領土を持つ大帝国として日本に来た19世紀後半には、「立憲君主制」と呼ばれる王制になっていました。

イギリスの王制の特徴はいくつもの市民革命をとおして、王の権限が徐々に制限されてきたことです。１２１５年、「マグナ・カルタ」という憲章（文書）が、当時のイングランド王国のジョン王によって制定されました。王が制定したことになっていますが、実質的には議会の圧力によって王が認めさせられたものです。イングランド国王の権限を制限した内容で、世界の憲法の草分けになりました。

マグナ・カルタでは、国王の徴税権を制限したり、法による支配（王や領主による統治ではなく、国全体を法律によって治めること）をはっきりとさせ、貴族の特権を改めて認めさせて、王権に制限を加えています。

イギリスの王制は、いくつもの市民革命によって、
少しずつ権限が制限されてきた

次に1649年に「清教徒革命（ピューリタン革命）」が起こります。このときは国王チャールズ1世を処刑して、王制が廃止され、クロムウェルが率いる「共和制」に移行します。共和制とは、一人の君主が国を統治する君主制にたいして、君主はおらず、複数の主権者によって国を運営する体制のことです。共和制には、主権が国民にある民主的共和制と、少数の特権階級にのみ主権がある貴族的共和制・寡頭的共和制とがあります。

ところが、クロムウェルが率いる政府は独裁色を強めて11年で共和制が失敗、王制が復活します。その後、1688年に「名誉革命」が起こって議会が「権利の章典」を制定、さらに国王の権限を制限します。名誉革命によって、国王が権威を代表して、首相（議会）が権力を担う「立憲君主制」のあり方が築かれました。「王は君臨すれども統治せず」という体制です。

――江戸時代までの日本みたいな感じ？

そうですね。「権威」と「権力」を分離するという意味では似ていますが、権力を担うのは天皇から位を授けられた将軍ではなく、国民を代表する議会です。

王制を維持しつつ、国を治める権利（主権）が王など限られた人にあるのではなく、議会、国民にあるとする立憲君主制は、現在までつづいています。イギリスはじめ、主にヨーロッパで今も王制がある国は立憲君主制で、国際的な視点では、日本の今の天皇制も立憲君主制だとみなされています。

17世紀末の名誉革命ののち、18世紀後半に起こった産業革命による工業化もあって、イギリスは強大な力を持つ大国となり、勢力を世界各地に伸ばして、江戸時代の日本にもやってきたのです。

●フランス

フランスでは、フランス革命によって、それまでの絶対王政がくつがえされました。

１７８９年、フランス革命が勃発(ぼっぱつ)した直後にだされた「人権宣言」（人および市民の権利の宣言）で、自由と平等の権利、国民主権、法の前の平等、権利の保障と権力分立、所有の不可侵などが謳(うた)われています。

その後、１７９２年に王制が廃止されて共和制となります。１７９３年にはルイ16世がギロチンで処刑され、王妃マリーアントワネットも処刑されました。

こうして共和制になりましたが、そのあとの政治がうまくいかず、ナポレオンが皇帝となり、帝政（王制）が復活します。１８４８年の「二月革命」によってふたたび共和制となったのち、ルイ＝ナポレオン（ナポレオン3世）が１８５２年に皇帝に即位し、第二帝政になります。１８７０年に共和制になってからは帝政が復活することはありませんでした。

フランスは１９４０年までの「第三共和政」と呼ばれるこの時期に、フランス領インドシナ（現在のベトナム、ラオス、カンボジア）はじめ多くの地域を植民地にしました。

●ドイツ

ドイツではプロイセン王国により１８７１年（明治４年）にドイツが統一されて「ドイツ帝国」が成立しました。

明治政府は、誕生したばかりのドイツ帝国を参考に憲法や国の制度などをつくりました。

その後ドイツ帝国は第一次世界大戦（１９１４～18年）に参戦して、敗戦。ドイツ革命が起きて、ヴィルヘルム2世はオランダに亡命し、王制が廃止されます。１９１９年にワイマール憲法が制定されて、共和制になりました。

――ドイツとフランスは国の形がくるくる変わっているんだね。

はい。18世紀末から19世紀にかけては、ヨーロッパ諸国が近代化していく過程で、国のあり方も大きく変わっていった時代でした。大きな流れとしては、主権は国民にあると考える「国民国家」の勢いが増し、イギリスのように王制は存続していても、主権は国民にあるという「立憲君主制」へと移行するか、市民による革命で王制が廃止されていきました。

工業の発達もあいまって、強大な力を持つようになった国々がアジア、アフリカなどに植民地をひろげる「帝国主義」の時代になっていきました。

このような世界的な大きな動きのなか、明治政府がどんな天皇制をつくりあげていったのか、次の章でお話ししましょう。

第2章

天皇制ってずっと同じじゃないの？

1 明治の天皇制ってどんなもの？

——天皇制はどんなふうにつくられたの？

第1章で触れたように、徳川幕府は1615年に「禁中並びに公家諸法度」という法律を制定して、天皇を京都の御所に封じ込めて、全国どこにも行けないようにしていました。いわば軟禁状態にしていたのです。そのため江戸時代初期から300年近くも天皇は御所から一歩も出ることがありませんでした。

ですから、一般の庶民は天皇を目にすることはもちろんありませんでしたし、天皇そのものをほとんど知りませんでした。

明治維新では、天皇を中心に日本中がまとまる国をつくろうとしましたが、人々が知っていなければ、天皇のもとにまとまることもできません。そこで行われたのが、人々に天皇の存在を知らせるキャンペーンでした。

ひとつは、明治になったその年１８６８年から１９１２年にかけて実施された、「巡幸」と呼ばれる各地への訪問です。北海道から九州まで、日本全国いろんなところに明治天皇の一行が行きました。それは97回にものぼりました。

天皇を知らせると言っても、今のように天皇の顔を見せたりはしません。神輿がきて、何千人もの官僚などのお供をつけて威厳のある行進をし、天皇という尊い生身の存在があることを示しました。

１８６９年（明治２年）には「奥羽人民告諭」「京都府下人民告諭大意」という文書が出されます。「奥羽人民告諭」は戊辰戦争（１８６８～69年）で徹底して破壊された奥羽地方の人々に向けて、「京都府下人民告諭大意」は東京に移動して天皇がいなくなった京都の人々に向けて出されたものです。

「京都府下人民告諭大意」には次のようなことが書かれていました。読みやすいように、現代語調にして、改行を入れています（本書では、以下の引用箇所も同様です）。

> 人は万物の霊長であり、人より尊いものはない。とくに我が国は「神州」と言われ、世界中で我が国に勝る国はない。そのすぐれた「神州」に、尊い

人として生まれながら、そのことに気づかず、いたずらに一生を過ごすのは、なんと情けない話であろう。

「人が禽獣と異なるゆえん」は、「道理」をわきまえ、「恩義を忘れない心」を持つからである。「忠孝」というのもこの心であって、いやしくもこの心を持たぬものは「人面獣心」といって、容貌は人であっても禽獣に劣ると言わざるをえない。したがって、「人の人たるの道にかない」、「神州」に生まれたものとして生きようと思うならば、まず「神州」のありがたさを考え、「御国の恩に報い」ようと心がけなくてはならない。

そもそも「神州」が外国よりもすぐれているのは、大昔、「天孫」ニニギノミコトがこの国をひらいて、「倫理」の大本をたてられてから、皇統は一貫して絶えることなく、代々の天子様が受け継いでこの国を治められ、人民をいつくしむ御心はふかく、人民もまた代々の天子様を戴いてお仕えしてきた、この一点である。

したがって、「外国のように国王がたびたび代わり」、「昨日の君は今日の仇、今日の臣下は明日は敵」となるような浅ましいことはありえない。国の開闢以来、皇統は動かず、開闢以来、人民の血統も変わらないゆえに、「上

「水も土もお金も、あらゆる物が天皇がくだされたありがたいもの」

下の恩義」はいよいよ厚く、ますます深いのである。（略）「御国の恩は広大」であって極まるところがない。よくよく考えてみよ。「天孫がひらかれた国なれば、この国のありとあらゆる物がことごとく天子様の物でないものはない。生まれ落ちれば天子様の水で洗いあげられ、死すれば、天子様の土地に葬（ほうむ）られ、食う米も着る衣類も、笠（かさ）も杖（つえ）も、みな天子様の御土地にできた物で、なお世渡りのしやすいようにと、通用金銭を造らせられ、儲ける金も、使う金も、ことごとく天子様の御制度にて用事をすますことができる。

というように、日本は代々天皇家が治める神の国であり、いかに天皇が気高いか、水でもお金でもなんでも、天皇がくだされたありがたいもの、一般の人が普通に生活できるのは天皇のおかげだと言っています。

——ちょっと大げさじゃない？

そうですね。天皇が敬うべき存在ということを、広く知らせるキャンペーンのひとつでしたが、内容を見ると、かなりウソを言っています。天皇が国を治めていたのは平安時代までで、武家社会になって江戸時代までは治めていないのに、神話時代から一貫して治めてきた、としています。

また、「軍人勅諭（ぐんじんちょくゆ）」、「教育勅語（きょういくちょくご）」がありました。

これらは天皇制を知らせるための、また、徹底させるための手段でした。

1882年に「軍人勅諭」が出されます。これは陸軍長、海軍長を宮中に呼んで、明治天皇から手渡されました。

明治政府は徴兵制による新しい軍隊をつくりましたが、兵士のほとんどは農民でした。「軍人勅諭」はそれらの兵士を教育するものとして、ひらがな交じりの文体で、天皇が語りかける形になっています。約2700字のうちのはじめの3分の1は、国の歴史が書いてあります。歴史教育でもあったのです。

「我が国の軍隊は、代々の天皇が統率されてきた。昔、神武（じんむ）天皇自ら大伴物部（おおともものべ）の兵を率い、国中の抵抗をつづける者どもを討ちたいらげられ、皇位につかれて天下を統治なさって2500年あまりになる」

我が国は神武天皇以来代々天皇によって統治された国だとしています。2500年とし

「軍人勅諭」は、ほとんどが農民だった兵士の教育のためにつくられた

ていますから、紀元前６００年ごろからの神話の世界になっています。

「軍隊は私が統帥するものであり、各役割は臣下に任せても、大本は私が掌握し、臣下にゆだねるものではない」

この国の軍隊を統率できるのは自分（＝天皇）だけだと書いてあります。


――ここでも、神話と天皇はえらいというのがセットになってるんだね。


そうです。軍人の徳目では、つぎのようになっています。

「軍人は忠節を尽くすことを本分としなさい。我が国に生まれた者は誰でも国に報いる心を持たなければならない。まして軍人である者は、この心を固く持っていなければ、なんの役に立つだろうか」

「軍人は礼儀を正くしなさい。軍人は上は元帥より下は一兵卒にいたるまで、その間に階級があって統制に従うだけでなく、同じ階級でも年次に新旧があって、新しい者は、古い者に従うべきものだ。下級の者が上官の命令を受けることは、実は直ちに私の命令を受けることと心得なさい」

上官の命令は天皇の命令だと強調しています。神話を歴史として説き、命令は天皇の命令であり絶対服従、という日本軍の非合理主義は始めから謳われていたのです。
また、「軍人は武勇を尚(たっと)びなさい」「軍人は信義を重んじなさい」「軍人は質素を旨(むね)としなさい」ともしています。すべての兵士が「軍人勅諭」を暗誦させられました。

——全部暗誦するの？　大変そうだね。

はい。暗誦させることで、内容を徹底して教え込んだのです。
「大日本帝国憲法」が1890年11月29日に施行されますが、それとセットのように1890年に出された「教育勅語」も、「軍人勅諭」と同じような役割を果たしています。これは小学校の教育から、天皇への忠誠心を植えつける、それが大きな目的でした。難しい文章ですが、「教育勅語」も小学校4年で暗誦させられました。日本の歴史がどういうものかということと、いざ何かあったら天皇のために尽くすように、という内容です。わかりやすく口語訳すると、次のようになります。

私は、私たち皇室の祖先が、遠大な理想のもとに、道義のとおった国をつくることをめざして、日本の国をはじめたものと信じている。

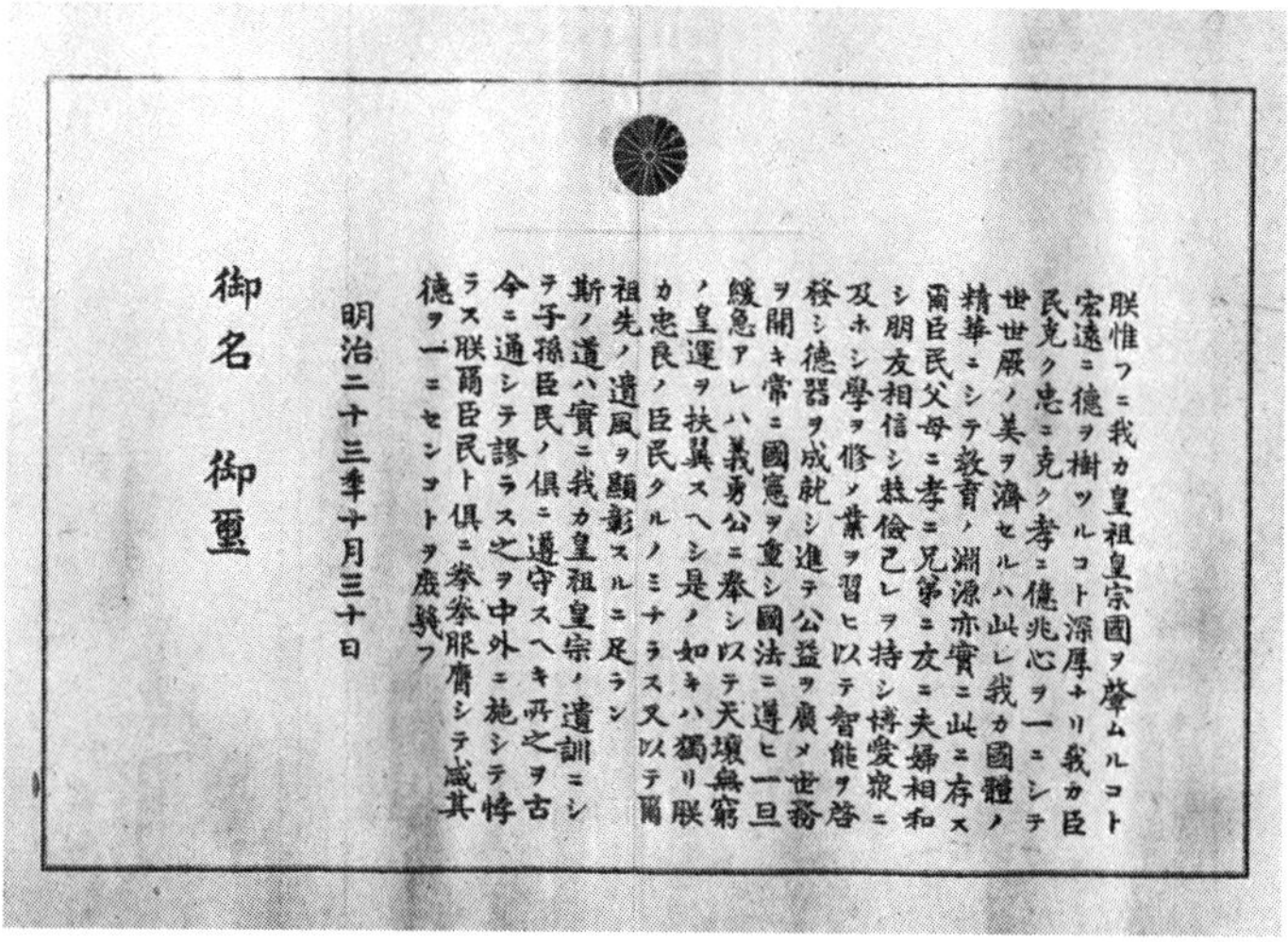

朕惟フニ我カ皇祖皇宗國ヲ肇ムルコト
宏遠ニ德ヲ樹ツルコト深厚ナリ我カ臣
民克ク忠ニ克ク孝ニ億兆心ヲ一ニシテ
世世厥ノ美ヲ濟セルハ此レ我カ國體ノ
精華ニシテ教育ノ淵源亦實ニ此ニ存ス
爾臣民父母ニ孝ニ兄弟ニ友ニ夫婦相和
シ朋友相信シ恭儉己レヲ持シ博愛衆ニ
及ホシ學ヲ修メ業ヲ習ヒ以テ智能ヲ啓
發シ德器ヲ成就シ進テ公益ヲ廣メ世務
ヲ開キ常ニ國憲ヲ重シ國法ニ遵ヒ一旦
緩急アレハ義勇公ニ奉シ以テ天壤無窮
ノ皇運ヲ扶翼スヘシ是ノ如キハ獨リ朕
カ忠良ノ臣民タルノミナラス又以テ爾
祖先ノ遺風ヲ顯彰スルニ足ラン
斯ノ道ハ實ニ我カ皇祖皇宗ノ遺訓ニシ
テ子孫臣民ノ倶ニ遵守スヘキ所之ヲ古
今ニ通シテ謬ラス之ヲ中外ニ施シテ悖
ラス朕爾臣民ト倶ニ拳拳服膺シテ咸其
德ヲ一ニセンコトヲ庶幾フ

明治二十三年十月三十日

御名　御璽

教育勅語

我が臣民は君主にたいする忠義、親にたいする孝行を完全になしとげて、すべての臣民が心を合わせて努力した結果、今日に至るまで、見事な成果をあげてきた。これは日本のすぐれた本質によるもので、教育の根本もここにある。

おまえたち臣民は、父や母に親孝行し、きょうだいは仲良くし、夫婦は仲睦まじくし、友人とは信じあい、自分の言動は慎み深くし、まわりの人に優しくして、勉強をしっかりし、仕事の仕方を習いなさい。

そうして知識を広く養い、人格を磨いて、進んで公共の利益のために貢献し、世の務めを果たし、いつも国の憲法を重視し、法律を守りなさい。その上で、国に非常事態が起こったときは、勇気を持って公に奉仕し、永遠につづく天皇家の運命を助けなさい。

それが、私の善良な臣民としての当然の務めであるだけでなく、おまえたちの祖先が残してきた伝統的なよい風習を称えることでもある。

このような道は、私の祖先の歴代天皇が残した教訓として私たち子孫、臣民がともに守らなければならないことである。この教えは、昔も今も変わらない正しい道であり、外国で行っても正しい道だ。私はおまえたち臣民とともに、先祖の教えを決して忘れず、皆が、一つになってこの道徳を行うことを願っている。

明治23年10月30日
天皇

――子ども向けというより、大人に言ってるような内容なんだね。

教育勅語では、「父や母に孝行し、きょうだいは仲良くし、夫婦は仲睦まじくし、友人とは信じあい」などと、一見すると良いことも書かれていますが、本質は日本が天皇を中心とする国であること、国に非常事態が起こったときは、天皇家(天皇制)を守るために戦いなさいということを強調するところにあったのです。

つぎに、教育勅語で重んじるようにと触れられている「大日本帝国憲法」についてみていきましょう。天皇制の体制を形づくるものとしてできたのが、大日本帝国憲法です。

まずは、1889年に大日本帝国憲法が公布されるまでの動きについてお話ししましょう。

明治のはじめ、国会の開設や人権尊重などを要求する自由民権運動が起こります。この運動は植木枝盛（土佐藩藩士出身）、板垣退助（土佐藩藩士出身）、中江兆民（土佐藩足軽出身）など身分は低くても支配階級であった旧下級武士によって担われたことが特徴です。

この動きのなかで、1880年に、憲法の中身をみんなで議論しようということになり、全国各地で自由民権グループが憲法草案を作成しました。国民の権利を謳い、人権を保障することが考えられた、民主的と言われる憲法案がいくつもつくられました。

たとえば、植木枝盛による「東洋大日本国国憲按」（憲法案）には、次のような条文があります。

日本の人民は法律上、平等とする。
日本の人民は法律による場合以外は、自由の権利を犯されない。
日本の人民はどんな罪があっても生命を奪われない。

死刑を認めないなど、民主的、先進的内容が含まれていました。

また、市民による憲法草案で、非常に民主的な憲法案と言われている「五日市憲法」では、次のように国民の権利について細かく定めています。

日本国民は、各自の権利と自由を享受できる。これは他から妨害することはできない。かつ、国の法はこれを保護しなければならない。

日本国民はすべて、民族・戸籍・地位・階級の違いに関係なく、法律のもとに平等の権利を持つ。

ところが、1881年に、「1890年までに議会を開いて憲法をつくる」という内容の詔勅（天皇の意思を伝える文書）「国会開設の勅諭」が出されます。

「多くの臣下や役人に国会のあり方、憲法の内容を考えさせ、自ら判定して公布する。天皇が約束しているのだから、もっと早くしろとか議会の構成はこうすべきだとかさわぎたてる者は法律によってきびしくとりしまるので、そのことをよく心得ておくように」というような内容です。

――怖いこと言ってるんだね。

はい。脅しのような内容です。「勝手に議論するな」ということで、これによって明治政府は、集会条例を公布（1880年）、改正（1882年）するなどして、市民が憲法草案を議論する動きなどを弾圧していきます。

この詔勅が出されたときに、自由民権運動をやっている人たちは茫然としてしまいました。

> 植木枝盛もまたこのときのことを、「皇上閃然」と自叙伝に書いています。「皇上」とは「現在の天皇（今上と同じ）」つまり明治天皇のことです。維新以来はじめて、絶対君主としての天皇の厳然たる勅命が、人々の頭上に稲妻のように閃き、電撃のショックを与えたのです。
>
> 『日本ナショナリズムの歴史Ⅱ』（梅田正己著　高文研）

つまり、それにたいして歯向かうとか、それはおかしいんじゃないかとか、憲法はみんながつくるものだ、という運動にはなりませんでした。本当の意味での民主主義、つまり国民、市民が国の主人公だという意識はなかったのです。

じつは、植木枝盛の憲法案もほかの自由民権運動グループの憲法案も、どれも天皇制が前提として書き込まれていました。

植木枝盛の「東洋大日本国国憲按」では第5篇で天皇について書かれています。

> 皇帝は軍の大権を握る。戦争を始めること、講和することを統括する。他国の独立を認めるかどうかを決める。
>
> 皇帝は外交事務の総裁である。諸外国交官を任命できる。

軍隊にたいする統帥権と外交権は天皇が持つ、としています。

また、「五日市憲法」では第1篇で、「国帝」、つまり天皇のことを書いています。

> 日本帝国の帝位は、神武帝の正統な後継者である今の帝の子孫が受け継ぐ。
>
> 国帝の身体は神聖にして侵してはならない。また責任を負うことはない。
>
> 国帝は立法、司法、行政三権を総括する。
>
> 国帝は軍を総督し、武官を配置して軍隊を整備し、必要におうじて派遣することができる。

このように、前近代的な神話の世界を前提としているほか、あらゆることが天皇の権利になっていました。

――自由民権運動では、みんなが天皇制を前提にしていたの？

「秩父困民党の」蜂起事件を除いて、天皇制をくつがえすようなことは自由民権運動の中にはありませんでした。これが自由民権運動の限界と言えると思います。自由民権運動が、天皇のもとでまとまった国をつくろうと、明治維新を担った下級武士たちの一部から出てきた運動だったからではないでしょうか。

そのようななかで、ただひとつ天皇に敵対したのが秩父困民党の事件でした。１８８４年（明治17年）、埼玉の秩父を中心に、群馬、長野にまたがる地域の民衆約３０００人が武装蜂起した事件です。

これだけは、「おそれながら天朝（てんちょう）様に敵対するから加勢をしろ」と叫んで天皇に敵対するということを明確に謳って蜂起しました。蜂起の中心となったのは農民です。

――どうして蜂起したの？

秩父困民党の蜂起事件だけが、天皇に敵対した

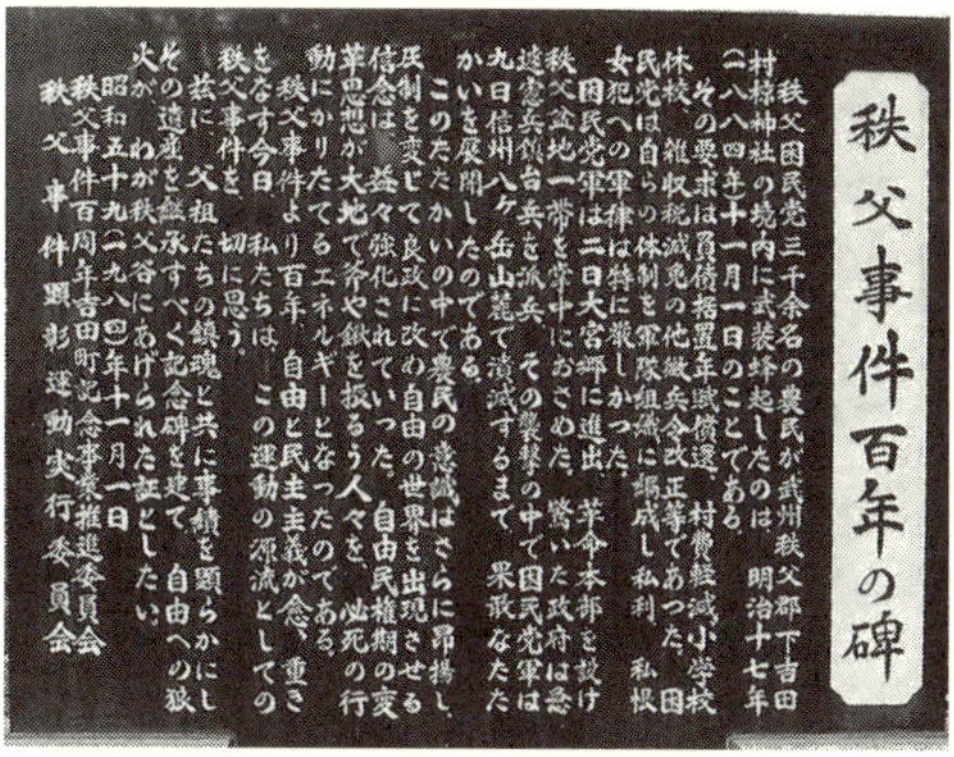

椋神社境内には、秩父事件から100年の1984年に碑が建てられました。

貸金業法の改正が実現して、『草の乱』の衣装を着て椋神社にお礼参りしました。

当時、秩父では蚕を飼って生糸をつくっている農家が多かったのですが、明治政府のデフレ政策により生糸の値段が暴落しました。その結果、高利貸しにたくさんお金を借りて、返せないために田畑をとられていく農家がたくさん出現しました。そこで、利子制限法に違反する高利貸しの利息の率をもう少し下げてくれということを裁判所に訴えに行っても、裁判所は高利貸しの味方をするし、役所に借金の据え置きと、年賦返済にすることを高利貸しに認めさせるようにとの請願をしても相手にしてくれません。このままではやっていけない、と3000人あまりが武装蜂起しました。指導者のなかには、自由民権運動をしていた人や、地域の教師などもいましたが、大半は農民でした。

彼らが要求したことは、具体的には「高利貸しから金を借りたために生計に苦しむ者が多いから、お金を貸した高利貸しに、借金は10年据え置いて、その後40年間に分けて払うことをお願いする。学校費用の負担を軽減するため、3カ年の休校を県庁に迫る。税金の軽減を求めて内務省に迫る。村費の軽減を村の役人に迫る」ということでした。

火縄銃、刀、槍、竹槍などで武装して蜂起、最初は高利貸しの家に押し入って、借金の証文を焼く「打ち壊し」をしていましたが、いったん蜂起すると、同じように苦しんでいた人たちが加わって、どんどん大きくなっていきました。次第に、警察署なども制圧して、自治政府のような共同体ができました。軍事組織があったほか、日本全国を見渡す軍備計画や、天皇制をなくし、憲法を定め、純然たる立憲政体を設立するという構想もありました。

困民党の蜂起では、自治政府のような共同体ができていた

――そんなことまで考えてたの？

はい。そこだけは別の国をめざしているようなもので、もちろん、明治政府は弾圧しました。1884年11月4日、埼玉県金谷で天皇の軍隊と激戦を交えています。戦闘によって、蜂起は5日で鎮圧されました。この事件では12人が死刑に、3000人くらいが重罰に処せられました。

事件の120年後の2004年に秩父困民党の事件をテーマにして『草の乱』という映画がつくられています。

余談ですが、ちょうどその頃に、私たちはクレジット・サラ金被害者の救済のために、高金利の引き下げを求める貸金業法の改正運動をやっていました。私たちは『草の乱』を見て、120年前に高利貸しに反対して蜂起した秩父困民党の事件に大きな勇気をもらいました。

また、私たちは映画で使用された秩父困民党の衣装を身に着けて、彼らが蜂起した椋神社から、高金利引き下げの決起集会が行われた日比谷野外音楽堂までのマラソンリレーをしたり、貸金業法改正運動が成功したあと、報告をかねて椋神社へのお礼参りを行いました。

話を憲法にもどしましょう。

政府が先手をとって、民間で憲法草案をつくる動きを抑えこみながら、明治政府の中枢部が憲法をつくり、明治天皇が裁可してこれを下賜する（身分の低い者に与える）、という形で「大日本帝国憲法」ができることになりました。

明治元年、1868年に明治天皇が宣言した明治政府の基本政策である「五箇条の御誓文」のなかでは、「万機公論に決すべし」すなわち、広くいろいろ議論する、と言われていましたが、このときつくられた憲法は、広く全国的な議論が行われてできた憲法ではありませんでした。

1889年2月11日に大日本帝国憲法（明治憲法）が公布され、1890年11月29日に施行されました（明治憲法については第5章でも触れます）。

「憲法発布勅語」という前文のような文も出されましたが、そのなかには「国家統治の大権は祖先から私がうけて、これを子孫に伝えるものだ」と述べてるところがあり、国の

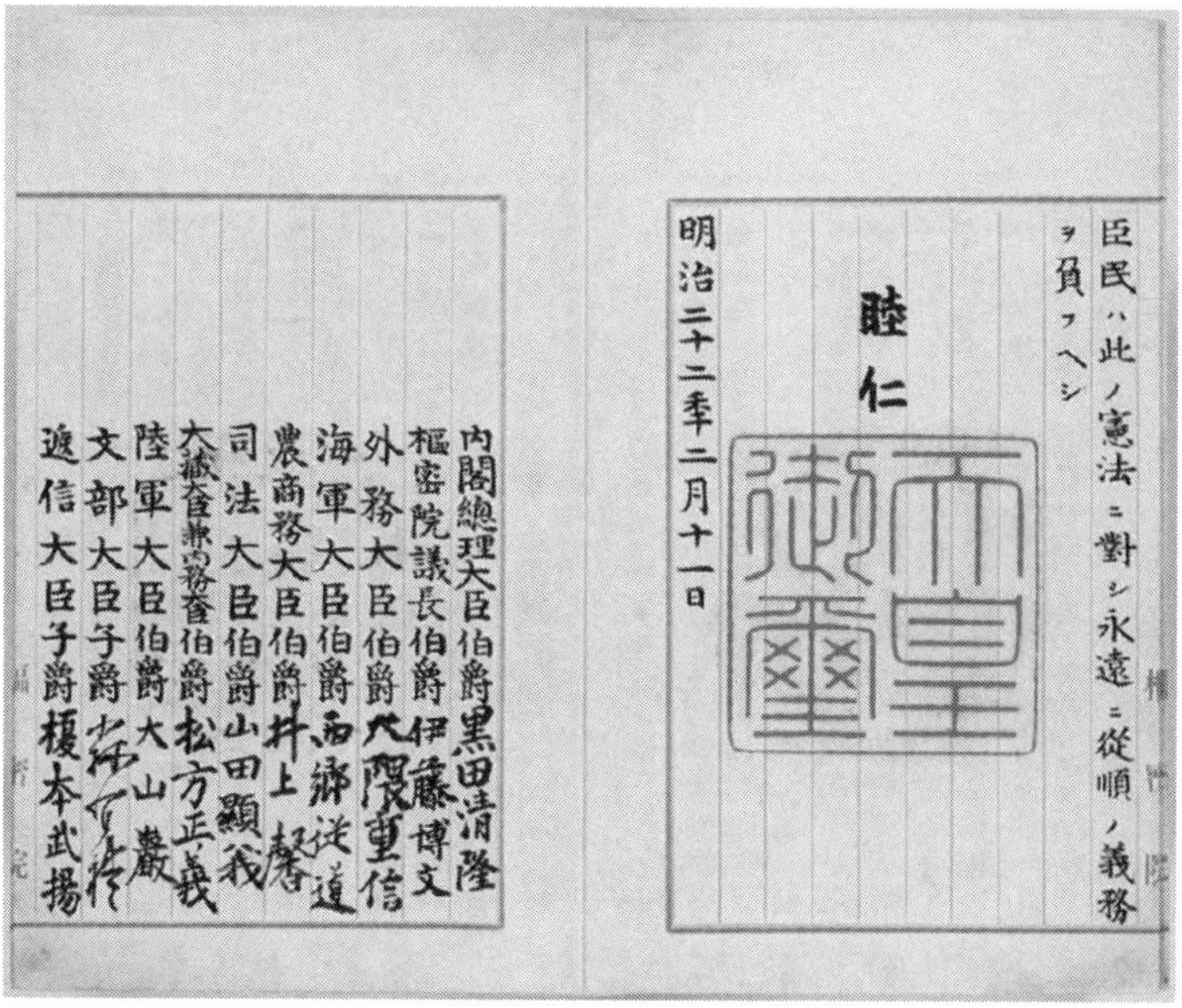
臣民ハ此ノ憲法ニ對シ永遠ニ從順ノ義務ヲ負フヘシ

睦仁

天皇御璽

明治二十二年二月十一日

内閣總理大臣伯爵黒田清隆
樞密院議長伯爵伊藤博文
外務大臣伯爵大隈重信
海軍大臣伯爵西郷従道
農商務大臣伯爵井上馨
司法大臣伯爵山田顕義
大藏大臣兼内務大臣伯爵松方正義
陸軍大臣伯爵大山巌
文部大臣子爵森有禮
遞信大臣子爵榎本武揚

大日本帝国憲法の天皇の署名がある部分（国立公文書館より）
「臣民はこの憲法にたいし、永遠に従う義務を負わなければならない」と書かれています。

統治権は神の意思、「神勅」によって本来的に天皇にある、としています。

第1章の「天皇」には次のような条文があります。

大日本帝国は万世一系の天皇が統治する。（第1条）

天皇は神聖にして侵すべからず。（第3条）

天皇は国の元首にして、統治権を総攬し、この憲法の条規によってこれを行う。（第4条）

つまり、この憲法の特徴は、国を治める権利は神が天皇家に与えたもので、祖先から受け継いでいる、という「神権主義」によって天皇主権を謳っていることです。

――また？「人民告諭」も「軍人勅諭」も「教育勅語」もみんなそうだったでしょ？

そのとおりです。そして、日本に住む皇族以外の人々を「臣民」としています。臣民とは君主に支配される人々のことです。さきに紹介した「教育勅語」でも「臣民」という言葉が使われていましたね。

明治憲法では、基本的人権は天皇が恩恵として臣民に与えるものだった

また、次のような条文もあります。

天皇は陸海軍を統帥する。(第11条)
天皇は議会の助けを得て立法権を行使する。(第5条)
各国務大臣は天皇を助けて行政を行い、責任を負う。(第4章55条)
司法権は天皇の名において裁判所が行う。(第5章57条)

軍の統帥権があるだけでなく、立法・行政・司法の三権について基本的には天皇が行うというかたちになっています。

――なんでも天皇が権利を持ってるんだね。

はい。この憲法は天皇主権で、きわめて非民主的ですが、第2章(第18~32条)の「臣民の権利・義務」で、少しは人権を定めています。ただし、天皇が権利を与えるというかたちをとっています。

基本的人権は国家以前のもので、すべての人が自然権として持っているものだ、という

のが「天賦人権説」ですが、明治憲法ではそうではなくて、天皇が恩恵として臣民に与える権利であるという立場です。そのためいろいろな権利に、法律の範囲内などの留保がつけられています。つまり新しく法律をつくれば、基本的人権の制限が可能だということです。

現在の日本国憲法は天賦人権説の立場をとっていますから、今は基本的人権に違反する法律はつくれません。仮につくっても無効です。明治時代の大日本帝国憲法は、人権といっても制限付きの人権であったということです。

第1章で触れたように本来、憲法は、君主の権力を制限するものとして歴史のなかで生み出され、それによって立憲君主制ができました。明治憲法は、憲法で権力を制限するという考え方がきわめて希薄でした。

このような憲法のもとでは、議会の立場が弱く、政府や軍部に対してコントロールする力がきわめて弱い状態になります。軍の統帥権を天皇が持っていますから、議会は軍に対してコントロールする力がありません。

また、議会についても、衆議院と貴族院の二院制をとっていましたが、衆議院は議員が選挙によって選ばれますが、貴族院は選挙で選ばれず、主に皇族や元公家や元大名などの華族の議員で構成されていました。

――江戸時代に身分の高かった人たちが、議員になってたんだね。

そうです。現在の日本国憲法のもとでは、法律案の議決、予算の議決、条約の承認、内閣総理大臣の指名などで参議院にたいする衆議院の優越が認められています。6年に1度半数が改選される参議院より、任期が4年の衆議院のほうが直近の民意を反映しているからです。そのほか、衆議院には予算先議権があり、内閣不信任決議、内閣信任決議は衆議院にのみ認められています。明治憲法のもとでは、衆議院が貴族院に優先するような制度はなく、貴族院と衆議院が同じくらいの権限を持っていました。

議会そのものも、選挙で選ばれた国民の代表の力は限られたものだったのです。

また、明治憲法では内閣について規定していません。

のちに「軍部大臣現役武官制」といって、陸軍が陸軍大臣を送らなければ内閣が構成できなくなります。陸軍大臣が辞めると内閣が崩壊してしまうことになり、このことが政府にたいする軍の影響力を強めることにもなっていきました。

国民主権であれば、軍のような権力機関は、もっとも国民の代表がコントロールできるような状況に置いておかなければならないのですが、明治憲法下ではそれができていませんでした。

もうひとつ、大きな特徴は、天皇と皇室について定めた「皇室典範（こうしつてんぱん）」が、憲法とは別の法体系と位置づけられ、憲法と同等の最高法規とされていたことです。明治憲法の第74条は次のようになっています。

皇室典範の改正は帝国議会の議を経る必要はない。（第1項）
皇室典範をもってこの憲法の条規を変更することはできない。（第2項）

皇室典範の改正に帝国議会は関与できず、一方で皇室典範によって憲法の条規を変えることはできないとしています。明治憲法と皇室典範が別のものとして並立して、憲法が2つあるようなものでした。

――そんなことってあるんだね。

はい。「国法二元制」、「国法二元主義」と言われています。
皇室典範では、たとえば、元号を天皇一代にひとつと定めていました。元号はもともとは中国の制度をまねしたもので、日本の最初の元号は「大化の改新」の「大化」です。現在、天皇は125代で、元号は247つ目です。明治以前には天災などが起きたときや、おめでたいことがあったときに元号が変えられていたからです。

それを天皇ひとりずつに対応させることで、年代を表す元号が直接天皇と結びつき、天皇が時代そのものを支配するようなものにしたのです。

それだけ天皇と皇室の権限が強いということで、明治憲法自体も、皇室典範の位置づけも、立憲制度の考え方とはことなる方向性をもっていました。

明治につくられたのは絶対主義王制に近いものだった

――どうしてそうなったの？

第1章でお話ししましたが、ヨーロッパの国々ではある程度民主的な制度や民主的な議会が確立していて、王制が残る国でも、主権は国民にある立憲君主制であったり、もしくは王制そのものが廃止されていました。

日本は、民主主義的な考え方が十分浸透しないままに、ヨーロッパの国を真似て立憲君主的な制度をつくろうとしましたが、じっさいには、憲法で天皇の主権が明確にされ、天皇が統治権も軍の統帥権も持ち、立法・司法・行政の三権も持つという、絶対主義王制に近い制度をつくってしまったと言えるでしょう。

　解釈の仕方によっては、実質的には政府や議会が権力を運用するというような形ともとれるので、明治の体制を「立憲君主制」と考える立場もありますが、現実には、明治維新後の日本においては、天皇を絶対的に尊い神のような存在として敬う「神格化」がなされていきました。

2 神格化ってどういうこと？

――天皇の神格化ってどういうこと？　教育勅語や軍人勅諭の天皇もかなり神っぽいけど、それとはちがうの？

たしかに、軍人勅諭や教育勅語には、天皇には絶対に従わなければならないとか、なにかあったら命をかけて守るべきだ、などと書かれています。けれども、人々が天皇＝神のような存在と思うようになるには、それらの運用の仕方なども関わっていました。

天皇を神格化する教育は、教育現場で広く行われていました。

１８９０年に発布された「教育勅語」は、各学校で「御真影（ごしんえい）」と呼ばれる天皇と皇后の写真とともに「奉安殿（ほうあんでん）」という専用の建物にしまわれていました。「四大節（しだいせつ）」という重要な祝日にはその２つを取り出し、「教育勅語」を奉読（ほうどく）する儀式が行われていました。四大節とは、次の4つです。

「四方拝」（皇室祭祀　1月1日）
「紀元節」（神武天皇即位の日　2月11日）
「天長節」（天皇の誕生日　昭和時代は4月29日）
「明治節」（明治天皇の誕生日　11月3日）

いずれも天皇家に関わる記念日です。

これらの儀式は御真影と教育勅語を中心に厳粛に行われていました。児童文学者の岡野薫子さんの『太平洋戦争下の学校生活』（新潮社）のなかで、その様子が描かれています。少し長いですが、紹介します（読みやすいよう改行しています）。

> 教頭先生は紫の袱紗に覆われた教育勅語の箱を黒い漆塗りの盆に載せて、それを頭上に高く掲げながら、しずしずと運動場を横切って講堂まで歩いてくる。（中略）フロックコートの礼装で絹の白手袋をはめた校長先生は、おもむろに紫の袱紗を広げ、箱から教育勅語を取り出すと、巻物のひもを解い

て広げ押し頂く。

このとき私達はまた頭を下げる。勅語を読み終わるまで、そのままの姿勢でいなくてはならない。やがて「朕思うに我が皇祖皇宗、国をはじむること宏遠に徳を樹つること深厚なり。我が臣民よく忠に、よく孝に」と、ずっと重々しい奉読の声が聞こえる。というより頭の上から下りてくる。まだ始まったばかりだというのに、その瞬間から、もう早く終わらないかという思いで、いつも苦しくなるのだった。

なにしろ神主が祝詞（のりと）をあげるときのような、荘重（そうちょう）な節回しで読まれるので、子どもにとっては耐え難く長い時間に思われた。（中略）やっと終わって元の姿勢に戻るとき、あちこちから鼻水をすすり上げる音が起こる。あたりはホッとした空気に包まれる。誰よりもホッとしているのは校長自身であっただろう。


御真影については、『沖縄一中・鉄血勤皇隊の記録／上』（兼城一著　高文研）に、こんなエピソードも紹介されています。

一中央奉安殿の天皇・皇后の写真を国頭(くにがみ)に移送する際、写真の集結場所になっていた崇元(そうげん)寺交番前まで運んだが、藤野校長の乗った人力車の前に2名、後ろに2名、生徒達が着剣した銃を担い、物々しく警護しながら崇元寺に向かった。白い手袋をはめた藤野校長は、紫の袱紗に包んだ写真を目の高さに捧げ持った。尋常でない人力車の警護ぶりに、すれ違う軍の将校などは、天皇・皇后の写真とわかるのか、歩行を停止して人力車が通り過ぎるまで、挙手の礼をしていた。

御真影というのは軍人も止めるようなものだった。そういう異様な時代だったのです。

――写真なのに？「裸の王様」みたいだね。

国全体、日本の国のすべての地域にそういう考え方が浸透させられていたのです。また、御真影については、どんなことがあっても真っ先に持ち出さなくてはならず、そのために死んだ人もいました。

岩本務さんの『「御真影」に殉じた教師たち』（大月書店）によると、関東大震災で殉職した教師は東京で13名。そのうち8名は御真影を守ったり、御真影を持ち出そうと奮闘中の死だったそうです。

アジア太平洋戦争末期、アメリカ軍機による空襲が行われるようになると、空襲から御真影を守ろうとして亡くなる人が出ます。文部省は1943年9月に「学校防護指針」を出していますが、そのなかで優先順位の1番目としているのは「御真影、勅語等の証書や謄本の奉護」で、2番目が「学生・生徒、および児童の保護」、3番目が「貴重な文献、研究資料および重要研究施設等の防護」でした。

当時の政府は児童・生徒の命を守ることより、御真影・教育勅語の謄本を守ることを重視していたのです。

――「紙」のほうが生徒や先生の命より大事、って今じゃありえないね。

そうですね。でも、そういうことを国が学校に通達していたのです。

岩本務さんによると、空襲を受けて御真影を守って殉職した教師は10人で、それを含め御真影のために殉職した教師の数は、総勢20名以上にのぼるとのことです。

「当時の人にとって御真影は単なる写真ではなく、まさに現人神（あらひとがみ）の分身であり、奉安殿に奉られたご神体だった。だからこそ命がけで奉護しなくてはならず、もしも毀損(きそん)焼失した場合、責任者は自らの過失でなくても、死をもって償わなければならなかったのです。神権天皇制とはそういうものだった」と岩本さんは書いています。

天皇に忠誠を求める教育は植民地でも同じように行われた

また、沖縄も含め台湾、朝鮮の植民地支配が行われたところでも、同じような教育が行われました。「皇民化政策」と言います。日本や天皇にたいする忠誠を求めた政策です。日本語を公用語にしたり、朝鮮では名前を日本式にさせる「創氏改名(そうしかいめい)」も行われました。日本がアジア諸国を侵略する戦争をするさいには「八紘一宇(はっこういちう)」(世界をひとつの家にする)という標語が使われましたが、その地域の言語や文化、伝統や民族を尊重するような政策ではなかったのです。

そのほか、奉安殿を設置して教育勅語、御真影を納めさせ、教育勅語の奉読や、国歌斉唱や国旗掲揚を行わせました。「台湾神宮」、「朝鮮神宮」と呼ばれる神社も建て、参拝を奨励しました。また、日本軍軍人への敬礼や、「宮城遥拝(きゅうじょうようはい)」といって、皇居の方角を向いておじぎをさせるということも行われました。

——そんなに遠くから？

宮城遥拝する朝鮮の人びと

はい。植民地においても、天皇にたいする忠誠をもとめるような教育が徹底して行われたのです。

さらに教育以外の場所でも、天皇の神格化は進んでいきました。

教育勅語は憲法施行の直前の１８９０年10月30日に発布されました。翌年の１月９日、「内村鑑三不敬事件」と呼ばれることが起きました。

高校の嘱託教員だった内村鑑三は、この日、「教育勅語奉読式」で天皇の署名のある勅語にたいして最敬礼を行いませんでした。そのことで、学内の教師や生徒、学外からも非難されて、内村は２月に職を追われました。

内村鑑三はのちに、キリスト教思想家として多くの著作を残し、宣教活動や、非戦論を唱えるなどの社会的活動でも知られるようになった人です。

天皇自身でなく、天皇の署名のある教育勅語という「モノ」にたいして、礼をしなかったのでもなく、最敬礼をしなかったということがこれだけ非難され、仕事を辞めることになったという事件は、その後の人々に大きな心理的影響がありました。

——たしかに、最敬礼じゃなかっただけで、仕事を辞めないといけないって、コワイ気

がする。

明治天皇暗殺を計画したうたがいで、12人が処刑された

また、「大逆（たいぎゃく）事件」と呼ばれる出来事がありました。1910年5月に、明治天皇の暗殺を計画したとして、全国の多数の社会主義者などが検挙され、非公開の裁判で24人に「大逆罪」で死刑が言い渡されました。そのうち12人は無期懲役に減刑されますが、12人が翌年1月に処刑されました。

「大逆罪」とは、刑法の「皇室にたいする罪」（刑法第73〜76条）に規定されていました。第73条、第75条が「大逆罪」に当たり、第74条、第76条はいわゆる「不敬罪」に当たります。次のような条文です。

> 天皇、太皇太后、皇太后、皇后、皇太子または皇太孫たいして危害を加え、または加えようとしたものは死刑に処す。（第73条）
>
> 天皇、太皇太后、皇太后、皇后、皇太子または皇太孫にたいして不敬の行為をした者は3月以上5年以下の懲役に処す。
>
> 神宮または皇陵（こうりょう）にたいし不敬の行為をした者も同様。（第74条）
>
> 皇族にたいし危害を加えた者は死刑に処し、危害を加えようとした者は無

期懲役に処す。（第75条）

皇族にたいし不敬の行為をした者は2月以上4年以下の懲役に処す。（第76条）

じっさいに行動を起こしていなくても、意図しただけでも死刑という内容です。こうした法律によっても、天皇はおそれ多いものということが決められていたのです。

――意図しただけで死刑にできるなら、誰でも死刑にできるんじゃない？

そうですね。じっさい、大逆事件では、検挙された人の多くが無実だったと考えられています。

それから25年後、もうひとつ、天皇を神格化する動きを象徴する出来事がありました。「天皇機関説問題」と言われるものです。

法学者の美濃部達吉（みのべたつきち）は、1912年（大正元年）に『憲法講話』を発表し、そのなかで「天皇機関説」を唱えます。

天皇機関説とは、「統治権は法人である国家にあって、天皇はその最高機関として、内閣などの補佐を得ながら統治権を行使する」という考え方です。天皇に主権があると考える「天皇主権説」と対立しましたが、１９３０年くらいまでは、おおむね受け入れられた考え方でした。

ところが、「国体明徴運動」と呼ばれる運動が起こり、１９３５年（昭和10年）、「国体に背く」ような「天皇機関説」を唱えた美濃部達吉は「謀反人」と非難され、著書は発禁処分にされ、さらに「不敬罪」で告発されます。当時貴族院議員だった美濃部達吉は議員を辞職することになります。

また、津田左右吉事件もありました。歴史・考古学者の津田左右吉は、１９１９年（大正8年）に『古事記及び日本書紀の新研究』を発表して、１９２４年（大正13年）に『神代史の研究』を発表しています。

彼は、初代の神武天皇から14代の仲哀天皇までの天皇は実在しないことを明らかにして、日本神話は天皇による支配を正当化するためにつくられたものだと結論づけました。明治以来、政府は、『古事記』や『日本書紀』に書かれていることはすべて事実だという前提で天皇制を支えていますから、津田の考えは天皇家を侮辱したということで不敬罪に当たると批判されました。

そうして1940年頃、軍国主義が頂点に達した頃には、津田左右吉の著作4冊が発禁処分になります。大学の教授職も辞職させられ、出版元の岩波書店の岩波茂雄社長とともに出版法違反で起訴されています。

――美濃部達吉も津田左右吉ももっと前に本を出してるのに、どうしてそんなにあとになって非難されたの？

1931年（昭和6年）の満州事変のあたりから、軍部の意向が政権を支配していくようになるなかで天皇を絶対的な存在とする風潮が強まってきていたのです。満州事変とは、日本軍が中国北部を侵略した戦争で、1937年からの日中戦争につながり、15年にわたる中国との戦争の始まりとなった戦争です。議会は形だけになって、内閣も実質的に軍部が支配するようになると、軍部が天皇と直結するようになっていきました。

2018年7月に、戦時中の政府高官のメモが見つかったという報道がありました。それによると、1941年12月8日の真珠湾攻撃（日米開戦）前日の7日に、天皇が開戦を決意したことで、東条英機首相が「すでに勝った」と発言していたということです。

東条 開戦前夜「勝った」

昭和天皇の「決意」に高揚

太平洋戦争 対面の高官メモ

日米開戦前日の1941年12月7日夜、東条英機首相が政府高官に開戦について語った内容が、メモとして残っていることがわかった。東条はこの日昼、開戦当日の予定を昭和天皇に説明したことにも言及。戦争に反対していた天皇が開戦を決意し、軍が一致して行動する状況になったことで「すでに勝った」と発言するなど、太平洋戦争に突入する前夜に高揚する東条の胸中を初めて伝える貴重な史料だ。＜関連記事31面＞

東条英機

メモは、当時の湯沢三千男内務次官（1963年死去）の遺品から見つかった。東条の言葉を便箋5枚に書き残したもので、「十六年十二月七日（日曜日）午後十一時二十分」との日時も書かれている。

昭和天皇は主戦派の陸軍を抑えるため、41年10月、陸相の東条に組閣を命じ、外交交渉で戦争を回避する検討も求めた。だが米側の最終提案「ハル・ノート」が届き、交渉を断念。12月1日の御前会議で開戦を最終決定し、8日未明、米ハワイの真珠湾を攻撃した。

メモによると、東条は7日午後8時半、首相官邸に呼んだ湯沢内務次官と陸軍次官に開戦日の段取りを伝達した後、「之ニテ全ク安心セリ」と心境を吐露。「陛下ノ御決意」に基づき全軍が行動することに感激し、「御上ヨリ御ホメノ御言葉ヲ頂キテモ宜シカラン」と語った。

開戦決定まで、昭和天皇はとても心配し、各方面から検討していたが、「一旦決シタル後ハ悠々トシテ何等ノ御動揺ナク」と述懐した。さらに「対英米交渉ニ未練アラセラルレバ（中略）暗キ影ガ生ズベシ。之無カリシ事即チ御上ノ御決意ノ結果ナリ」と断定し、「斯クノ如キ状態ナルガ故ニ既ニ勝ッタ」と発言した。

東条はこの夜、微醺（ほろ酔い）の状態だったという描写もあった。

古川隆久・日大教授（日本近現代史）は、東条は状況を細かく報告することで天皇の信任を得たが、国運を背負う大局観はなかったという。「天皇に開戦を納得してもらえた満足感が伝わるメモだ。開戦を主導してA級戦犯として裁かれた東条の研究を深める史料になる」と評価する。

さらに東条はこの夜、日中に面会した天皇の姿を「明日ノ行事ヲ本日奏上セル際ニ於テモウム〱（うむうむ）ト仰セラレ何等平生ト異ナル所無カリシ」と明かした。2014年に公表された昭和天皇実録は、天皇が7日昼頃、参謀総長に続き、東条と面会した事実のみ収録していた。

実録の編集に関わった岩壁義光・学習院大史料館客員研究員（元宮内庁編修課長）によると、実録の資料収集でこの面会の様子を知り得る資料は確認できていない。「奏上を受けた天皇の複雑な心情を単純化して理解する東条の認識度がわかる記述」と指摘する。

湯沢三千男 1888年生まれ。東京帝大卒業後、内務省入り。土木局長や県知事、東条内閣の内務次官、内務大臣を歴任。終戦時は貴族院議員で1952年まで公職追放。59年に参院議員当選、63年に74歳で死去。芸術への造詣が深く、熊谷守一ら著名な画家と親交、随筆集も出した。

日米開戦を巡る経緯

1941年7月28日	軍事物資調達のため南部仏印（フランス領インドシナ）に進駐。翌月、米が石油の対日禁輸などの措置
9月6日	御前会議。対米戦準備を決定。昭和天皇が平和を願う明治天皇の和歌を読み上げる
10月18日	東条内閣誕生。昭和天皇の意を受け、外交交渉による対米戦回避の再検討開始
11月27日	中国、仏印からの撤兵、三国同盟の廃棄などを求めるハル・ノートの内容が米から届く
12月1日	御前会議。日米開戦を最終決定
12月7日	昼頃、東条が昭和天皇と面会
	午後8時半から、東条が湯沢らに自身の胸中や天皇とのこの日の面会について伝える
	午後11時20分、湯沢が東条の話をメモに記す
12月8日	未明、日米開戦。真珠湾攻撃

「読売新聞」2018年7月23日付

――どういう意味？

アメリカとの開戦に積極的だった東条は、消極的だった天皇にたいして、それまでに何度も開戦を説得していました。ついに天皇が開戦を決意し、真珠湾攻撃を承認したので、これでアメリカに勝てる、と思ったというのです。客観的にアメリカの戦力を考えてではなく。

総理大臣である東条自身が非常に視野が狭くなっていて、日本は神の国であって天皇もやる気だから、負けるはずはない、と思いこんでいたふしがあります。このエピソードも、それを示していると言えるでしょう。

兵の教育の方便として軍人勅諭などを使って、日本は神国だと教えている間に、次第に指導層自身にも乗り移ってしまっていた。そのくらい、当時の軍部そのものも、神話を含んだ日本の歴史に取り込まれてしまっていたのでしょう。これが天皇の神格化が行きついた先でした。

――みんな本気で信じてたの？

私の父は戦争に行って足を負傷して帰ってきましたが、戦後、「日本は天皇の国だから、神の国だから、負けるはずないと教わっていた」とよく言ってました。鎌倉時代に、モンゴル帝国の襲撃を受けた「元寇」のとき、日本は攻め込まれそうになったけれど、最後は神風が吹いて元の船が沈没したので、アメリカと戦争しても日本が必ず勝つと信じていたそうです。

戦局がいよいよ悪くなったとき、この故事にちなんで、飛行機で体当たり攻撃をする部隊を「神風特別攻撃隊」と名付けたのも、本気で神風が吹くと思っていたのかもしれません。

もちろん、現実にはそんなことは起こらず、日本人の犠牲者３００万人以上、中国はじめアジア、太平洋諸国ではその何倍もの犠牲者を出して、日本は敗戦を迎えます。

そして、敗戦国となり、占領支配を受けるなかで、いよいよ私たちが今くらしている日本のあり方、天皇制のあり方が決まります。

3 戦後の天皇制ってどんなもの？

――戦後の天皇制はどんなふうに決まったの？

戦争に負けた日本は、国の主権を失い「連合国軍最高司令官総司令部」（ＧＨＱ）による占領支配、実質的にはアメリカ軍の占領下におかれます。

戦争に勝ったアメリカ、イギリス、フランス、ソビエト連邦（ソ連）、中華民国など連合国軍の間では、今後の日本をどうするかについて、また日本がした戦争について天皇の責任が取りざたされました。軍の最高責任者だった天皇の責任が生じないというのは普通はあり得ません。当然、天皇制廃止の声もありました。

この点についてアメリカ（ＧＨＱ）は、軍の反乱を抑えて、日本の統治をうまくやるためには天皇制を残したほうがいいと考えたようです。

敗戦間際になっても日本軍の一部は本土決戦を叫んでいました。当然、軍が最後まで抵抗することも考えられましたが、天皇の「玉音放送」によって武装解除に素直に応じたということもあります（玉音放送については第4章で詳しくお話しします）。「玉音」とは、天皇の声の特別な呼び方です。

そういう天皇の影響力の利用を考えたGHQと、天皇制をなんとか残したいという日本の支配層の思惑が一致した面があります。結果的に、昭和天皇は「象徴天皇」として在位しつづけ、天皇制は象徴天皇制として残されることになりました。

なお、廃止の経緯は一様ではありませんが、第二次世界大戦後、敗戦国の王室はイタリア、ブルガリア、ハンガリー、ルーマニアなど日本以外ではすべて廃止されています。

――そうなの？

はい。イタリアとブルガリアでは、1946年に行われた国民投票の結果、王制が廃止されました。ハンガリーでは、戦後の国民議会の決定により共和制となりました。ルーマニアは戦後、1947年に国王が退位し、王制が廃止されました。

8月15日の玉音放送のあと、9月2日にアメリカの戦艦ミズーリ号の上で、日本の降伏が外交上確認される降伏文書の調印が行われました。

この調印と同時に発表するように、英語で書かれた天皇の声明文の原稿が、日本側に渡されていたと、『日本はなぜ、「基地」と「原発」を止められないのか』(集英社インターナショナル) で矢部宏治さんは、指摘しています。

声明文は次のような内容です。

私は昭和20年7月26日に、アメリカ、イギリス、中国政府の首相や大統領がポツダムにおいて発表し、のちにソ連も加わった宣言の条項を受け入れ、日本政府および大本営 (軍部) にたいし、連合国軍最高司令官が提示した降伏文書の内容に私にかわって署名し、かつ連合国軍最高司令官の指示にもとづき、陸海軍にたいする一般命令を出すことを命じた。

私は日本臣民にたいし、敵対行為をただちにやめ、武器をおき、かつ降伏文書のすべての条項と、日本政府および大本営の発する一般命令を誠実に実行することを命じる。

裕仁

天皇の発表する声明が、初めは英語で書かれていた

降伏文書には、政府を代表する外務大臣と、軍を代表する参謀総長が署名しました。日本の降伏が正式に決まる文書の署名と同時に、天皇が降伏文書の内容を実行することを国民に命じるよう、アメリカが原稿まで渡して指示していたということです。

また、1946年1月1日には、いわゆる「人間宣言」と呼ばれる詔勅を天皇が出します。天皇が現人神（あらひとがみ）ではないとした箇所は次のような内容です。

私とあなたたち国民との間の絆は、いつも変わらずお互いの信頼と敬愛によって結ばれ、単なる神話と伝説とによって生まれたものではない。天皇を現御神（あきつみかみ）とし、同時に日本国民が他より優れた民族で、そのため世界を支配する運命にあるとする架空の概念にもとづくものでもない。

これについても、GHQによって、天皇が自ら神格を否定する詔書を発表することが構想され、英語で文書をつくっていたと、矢部さんは指摘しています。

――天皇が自分で考えたんだと思ってた。

表向きは、天皇自体が主体的に選択したようなかたちが取られていましたから、あなたがそう思っていたのも当然です。

降伏文書のときの声明や天皇の人間宣言などは、戦後の日本がスタートするにあたってきわめて重要な文書です。これらの文書の原稿が英文で書かれていたことは、戦後の日本の政治（統治）はアメリカの支配・指導を日本が受け入れてスタートしたのだということ、そこには天皇の役割が組み込まれていたことを意味します。

――そうなの？　ちょっとショック。

そうですね。でも、2006年に「人間宣言」の英語の草案や作成過程を示すメモなどが日本国内で見つかっています。このようなアメリカの影響力のもと、日本の戦後が始まったのは間違いないようです。

さて、GHQのもと、新しい日本の国のあり方を規定する憲法をつくる作業が行われ、1946年11月3日に「日本国憲法」（現在の憲法。昭和憲法とも言います）が公布されました。

新しくなった日本国憲法では、国民主権を謳い、明治憲法では主権をもつ君主だった天皇は、実質的な権力をもたない「象徴天皇」と規定されています。（日本国憲法については第5章でもお話しします）。

天皇については、第1章に規定されていて、次のような条文があります。

> 天皇は、日本国の象徴であり日本国民統合の象徴であつて、この地位は、主権の存する日本国民の総意にもとづく。（第1条）
>
> 天皇の国事に関するすべての行為には、内閣の助言と承認を必要とし、内閣が、その責任を負う。（第3条）
>
> 天皇は、この憲法の定める国事に関する行為のみを行い、国政に関する権能を有しない。（第4条1項）

このように、天皇を象徴天皇として規定しています。明治憲法では、天皇の地位は天皇の祖先である神の意思、つまり神勅にもとづくとされ、絶対的なものでした。けれども、日本国憲法においては、天皇の地位は「主権の存する日本国民の総意にもとづく」とされています。つまり、天皇制は絶対的なもの、変更できないものでなく、国民の総意により変えられるものとなりました。

そして、天皇は国事に関することは内閣の助言と承認なしには行えず、憲法で決められたことだけを行なうこと、またその責任は内閣が負うとし、さらに、政治的行為はできない、としています。

天皇が行うことは第6条、第7条に書かれています。

> 天皇は、国会の指名にもとづいて、内閣総理大臣を任命する。
> 天皇は、内閣の指名にもとづいて、最高裁判所の長たる裁判官を任命する。
> （第6条）
> 天皇は、内閣の助言と承認により、国民のために、次の国事に関する行為を行う。（以下略）（第7条）

――天皇が行うことは、憲法で決められてたんだね。

はい。明治憲法では、天皇は統治権も軍の統帥権も持ち、立法、行政、司法の三権にも

新しい憲法のもと、天皇制は
国民の総意によって変えられるものになった

影響力がありましたが、日本国憲法のもとで天皇は、「象徴」として、実質的な権力を持たない存在、政治的な影響力を与えてはならない存在と定められました。その考え方を具体的にするために、じっさいに天皇が行うべき行為、行ってよい行為が決められたのです。

象徴天皇制の趣旨から、天皇が行うとされる国事行為は、政治（統治）に関係のない形式的、儀礼的行為とされました。

天皇が絶対的権力者から「象徴」に変わったことにあわせて、皇室典範の改正がＧＨＱのもとで行われました。それまでは皇室典範は明治憲法と並ぶ最高法規として位置づけられていましたが、新憲法のもとでは他の法律と同じ位置づけとされました。

変更点を見てみましょう。明治の皇室典範では元号は天皇一代に一つの元号と定めていましたが、元号制度はＧＨＱの指示によって規定をなくしました。元号は天皇の権威と深く結びついたものだったからです。

――元号って、明治とか昭和とかのことだよね？　じゃどうして今も元号があるの？

はい。当然の疑問ですよね。それについては第３章でお話しします。

ほかにも政教分離の考えから、天皇家の宗教的儀式についても皇室典範から外されています。ただし、即位の礼と大喪の礼だけは残されています。

また、明治の皇室典範では「庶子」(側室から生まれた子)を認めていましたが、それは認めず、嫡出子(皇后から生まれた子)だけに皇位継承権を認めています。

また、天皇および皇室に関連して、削除された法律があります。

戦前の「刑法」は、皇室にたいする罪が第2篇第1章にありましたが、1947年、憲法が施行された年に削除されました。

――「大逆罪」と「不敬罪」の法律だね。

そうです。今では天皇に危害を加えようとしただけで死刑になることはありませんし、天皇や皇室を侮辱したというだけでは刑法上の罪には当たりません。

さて、象徴となった天皇ですが、戦後史のなかで大きな影響を与えていたことがわかってきています。

日本国憲法が施行された後の1947年9月、米国による沖縄の軍事占領に関して、「アメリカによる琉球諸島の軍事占領の継続を望む」という天皇の見解をマッカーサーに伝えるということがありました。「沖縄メッセージ」と呼ばれています。これは1979年に発見されるまでは一般には知られていませんでした。

――天皇はどうしてそんなことを望んだの？

アメリカの公文書館に残されているメモによると、天皇は「アメリカによる沖縄占領は日米両方にとってよいことで、共産主義勢力の影響を懸念する日本国民の賛同も得られる」などとしています。

新しくできた日本国憲法によって、日本では憲法9条があって軍隊がないけれども、それだと日本が共産化される心配があるので、沖縄にずっとアメリカ軍を置いてほしいということです。そしてその要請を天皇から出していたのです。

その結果、アメリカは1972年まで沖縄の占領をずっとつづけて、沖縄は「本土」が主権を回復した1952年以降もさらに20年間アメリカ軍の支配下にありました。今でも国土の0・6％の沖縄に73・8％の米軍基地が集中しています。天皇の「沖縄メッセージ」は今日の沖縄差別の構造につながっています。

天皇はアメリカにたいして沖縄の軍事占領を望むと伝えていた

さらにさかのぼって歴史的な経過をみると、沖縄はアジア太平洋戦争において、日本で唯一、地上戦が行われたところです。終戦の時間稼ぎをするために沖縄で徹底抗戦させて、捨て石にされたような戦闘で、沖縄の住民の4人に1人が亡くなっています。生き延びた沖縄のほとんどの人が地上戦で親族を失っています。

このときの「沖縄メッセージ」には、琉球処分以降の沖縄にたいする差別的な対応が象徴的に出ている面があると思います。また、日本国憲法では「天皇は、この憲法の定める国事に関する行為のみを行い、国政に関する権能を有しない」(第4条1項)と定めていますから、天皇の「沖縄メッセージ」は、憲法違反の行為と言わなければなりません。

――天皇が言ったから、沖縄でアメリカ軍の占領がつづいたの？

もちろん、それだけで決まることではありませんが、象徴天皇であるはずの天皇が、非常に政治的な要望を占領を受けているアメリカに伝えていたことは間違いなく、沖縄が明治のはじめから一貫して差別的な扱いを受けていることも事実です。

また、サンフランシスコ講和条約前の1950年6月26日には、天皇は講和問題の特別全権大使ダレスにたいして、日本が主権を回復したあとも、日本本土にアメリカ軍に駐留

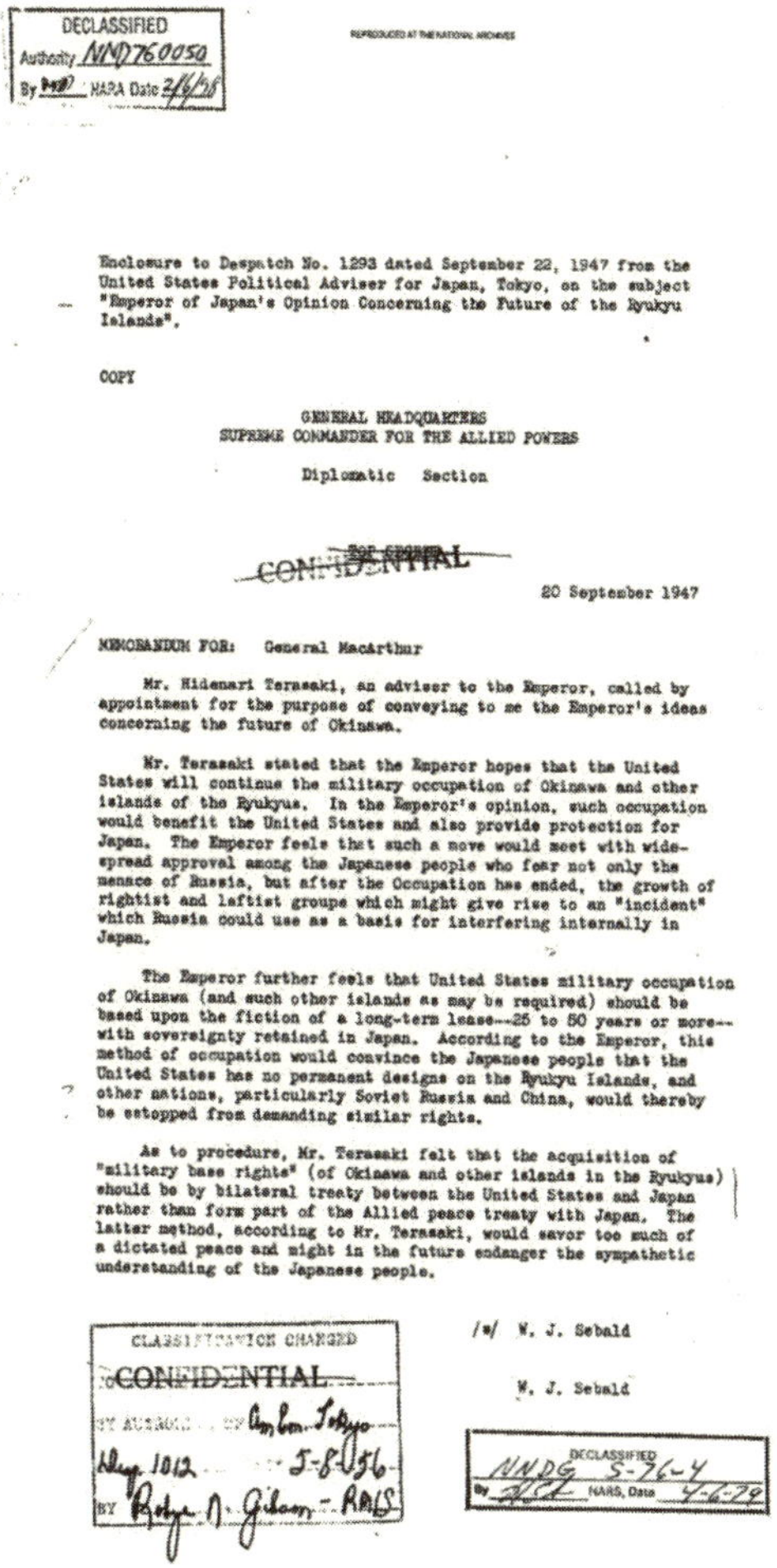

DECLASSIFIED
Authority NND760050
By NARA Date 2/6/98

REPRODUCED AT THE NATIONAL ARCHIVES

Enclosure to Despatch No. 1293 dated September 22, 1947 from the United States Political Adviser for Japan, Tokyo, on the subject "Emperor of Japan's Opinion Concerning the Future of the Ryukyu Islands".

COPY

GENERAL HEADQUARTERS
SUPREME COMMANDER FOR THE ALLIED POWERS

Diplomatic Section

~~TOP SECRET~~
~~CONFIDENTIAL~~

20 September 1947

MEMORANDUM FOR: General MacArthur

Mr. Hidenari Terasaki, an adviser to the Emperor, called by appointment for the purpose of conveying to me the Emperor's ideas concerning the future of Okinawa.

Mr. Terasaki stated that the Emperor hopes that the United States will continue the military occupation of Okinawa and other islands of the Ryukyus. In the Emperor's opinion, such occupation would benefit the United States and also provide protection for Japan. The Emperor feels that such a move would meet with widespread approval among the Japanese people who fear not only the menace of Russia, but after the Occupation has ended, the growth of rightist and leftist groups which might give rise to an "incident" which Russia could use as a basis for interfering internally in Japan.

The Emperor further feels that United States military occupation of Okinawa (and such other islands as may be required) should be based upon the fiction of a long-term lease--25 to 50 years or more--with sovereignty retained in Japan. According to the Emperor, this method of occupation would convince the Japanese people that the United States has no permanent designs on the Ryukyu Islands, and other nations, particularly Soviet Russia and China, would thereby be estopped from demanding similar rights.

As to procedure, Mr. Terasaki felt that the acquisition of "military base rights" (of Okinawa and other islands in the Ryukyus) should be by bilateral treaty between the United States and Japan rather than form part of the Allied peace treaty with Japan. The latter method, according to Mr. Terasaki, would savor too much of a dictated peace and might in the future endanger the sympathetic understanding of the Japanese people.

/s/ W. J. Sebald

W. J. Sebald

CLASSIFICATION CHANGED
CONFIDENTIAL
BY AUTHORITY OF AmEm Tokyo
5-8-56
BY

DECLASSIFIED
NNDG 5-76-4
By NARS, Date 4-6-79

アメリカの公文書館に残されている「沖縄メッセージ」にかんするメモ
(沖縄公文書館ホームページより)

してほしい、というメッセージを送っていました。朝鮮戦争が起こった翌日でした。

戦後、日本の植民地支配から解放された朝鮮半島にはアメリカとソ連が駐留します。両国が対立を深めたことを背景に、1948年に南北に分かれて大韓民国（韓国）と朝鮮民主主義人民共和国（北朝鮮）が建国されます。そしてこの2国の間で起こったのが朝鮮戦争です。米ソに代表される資本主義陣営と共産主義陣営の代理戦争でもありました。

そういう状況において、天皇がアメリカ軍の日本駐留を望むとアメリカ側に伝えていたわけです。ふたたび憲法違反の政治的な行為を行っていたことになります。

天皇の側近の1人は、朝鮮戦争でアメリカが負けたら、自分たちは全員死刑だろう、ということを言っていたそうです。1917年にロシアで社会主義革命が起こったとき（その後ソビエト連邦が樹立されました）は、ロシア皇帝一家が殺されていることもあり、天皇は共産主義にたいする恐怖感を持っていたのではないでしょうか。

アメリカの影響力は、GHQの占領が終わってからもつづいています。

1952年、サンフランシスコ講和条約の発効によって、沖縄などを除く日本は主権を回復し、GHQの占領も終わります。ただし、同時に「日米安全保障条約」（安保条約）が締結されて、アメリカの影響力が非常に強い国家体制となりました。

日米地位協定によって、アメリカ軍の軍人や基地内には、日本の法律が適用されない

「日米安全保障条約」とは、日本国内へのアメリカ軍の駐留を認めるもので、日本が外国から武力攻撃された場合や日本政府が要請した場合に出動できるとするものです。今も日本にアメリカ軍基地があるのは、この条約が根拠となっています。

安保条約は「日米地位協定」(60年の改定までは「日米行政協定」)がセットになっています。これは、在日米軍についての取り決めです。

アメリカ軍の軍人にたいして、また、基地内では日本の法律が適用されず、アメリカの法律や軍法が適用されること、兵士や軍関係者は軍用の飛行場や軍港を使用すれば、入国管理の対象外となることなどの内容が含まれています。

――**幕末の不平等条約みたい。**

国の主権が一部侵害されているという面では同じところもあります。

安保条約と地位協定によって、アメリカ軍は日本全土に展開できるようになっています。日本国中、どこに基地をつくるかはアメリカの意向で決まります。日本国内の米軍の移動についても、日本政府の了解なしで動かせ、事故が起こっても日本の警察や地方自治体、警察は立ち入り調査権がありません。

このために、たとえば1995年に、沖縄に駐留するアメリカ軍の海兵隊員ら3人が12歳の女子小学生を拉致して集団で強姦するという事件が起きましたが、日米地位協定の取り決めによって、実行犯である3人は日本側に引き渡されませんでした。

また、2004年8月、米軍普天間基地がすぐそばにある沖縄国際大学に米軍のヘリが墜落したときには、直後にかけつけたアメリカ軍兵士が周辺を封鎖して、日本の警察は現場に入ることもできませんでした。地位協定のため捜査もままならず、結局事故の全容解明はできませんでした。

これらはほんの一例です。

飛行についても日本の国内法による制約が一切ありません。日本の航空法の高さ制限が適用されないので、米軍は訓練のために地上スレスレを飛行したり、市街地の上も飛んでいます。一方、日本国内でも米軍の住宅の上は飛ばないし飛べません。米軍の住宅があるところはアメリカ国土と同じで、アメリカ国内法では住宅の上は飛べないからです。

——日本のなかなのに、そこだけアメリカみたいなものってこと？

そうです。こんな扱いをうけていること自体が、日本の主権を侵害されていることです。

これでは、アメリカと日本はとても対等な関係とは言えません。

対等な関係であれば、地位協定について、日本の国家主権を行使しないといけないのに、日本の国家主権は無視されています。けれども、このことはできるだけ問題にならないような報道がなされています。

アメリカは世界の多くの国に基地をもっていて、第二次世界大戦の敗戦国のイタリアとドイツにも基地がありますが、イタリアもドイツも、何度も地位協定を変えさせて、国内法を適用をさせるようになっています。ドイツは警察による基地内の任務遂行権限を持っていますし、イタリアは基地へのイタリア軍司令官の立ち入り権を持っています。訓練や演習も、ドイツやイタリア側の許可や承認が必要になっています。

また、フィリピンには、スービック海軍基地という、アジア最大のアメリカ海軍基地やクラーク空軍基地などがありました。1986年にマルコス独裁政権が崩壊し、フィリピンは1987年に憲法を改正します。そのときに、「今後新たな条約を結ばないかぎり、フィリピン国内に外国の軍事基地、軍隊施設を置かない」「新たな条約を結ぶときは、上院議員の3分の2の承認が必要」という条文が入れられました。

その憲法にもとづいてフィリピンはアメリカと交渉をして、1992年にスービック海軍基地、クラーク空軍基地から米軍を撤退させています。

そのことによってフィリピンの独立が危うくなったかというと、そんなことはありませんでした。日本では、アメリカ軍がいなくなったら、日本の独立が危うくなるというような雰囲気、そういう世論形成が行われている面がありますが、米軍がいなくても、独立が危うくなることはないのです。

日本の場合は１９６０年以降、安保条約も、地位協定も一度も変更を求めることなく、60年近くこの体制がずっとつづいています。日本の支配層がアメリカに隷従するような対応で、アメリカにたいしてなにひとつ文句を言えない体制になっています。

日本は国民主権の国ですが、その上にアメリカの意向があり、それが無視できない、事実上はアメリカの従属国のようになっています。こういう異常なことが、天皇の沖縄のメッセージからスタートしているような感じがします。

――そうなの？　そんなふうに考えたことなかった。

もうひとつ、戦後の動きのなかで重要なことがあります。

日本は植民地にした台湾と朝鮮の人たちを「臣民」として日本国籍としていました。台湾、朝鮮出身者は２００万人あまり日本本土に移住していて、１９４５年の4月1日には、

日本はアメリカにたいして
なにひとつ文句がいえない体制になっている

衆議院議員選挙法が改正されて、選挙権だけでなく、台湾、朝鮮出身者に帝国議会の議席も与えられていました。

ところが、日本国憲法施行の前日の1947年5月2日に、天皇の勅令「外国人登録令」が出され、台湾出身者の一部と朝鮮人について「当分の間、外国人とみなす」とされました。その後1952年のサンフランシスコ講和条約発効にさいして、日本は「旧植民地出身者は日本国籍を喪失する」と宣言します。このため何十万もの日本に住んでいた朝鮮人などの日本国籍が突然奪われました。

敗戦までは皇民化政策で日本国民にしていたのに、戦後、日本国民ではないと切り離した結果、恩給（おんきゅう）など、さまざまな戦後補償の対象からも除外されました。徴兵されて日本軍に入って戦っても、台湾、朝鮮の軍人は日本の法律にもとづく補償から外されました。医療保険や国民年金など、戦後整えられていくさまざまな社会保障制度からも切り離された人々は日本社会のなかで大変苦しい生活を強いられました。

日本は、明治に始まる天皇制のもと、戦争に突き進んで近隣諸国に大きな被害を与えてしまいました。敗戦後の天皇制のもと、過去の歴史を清算できたかというと、そうではなく、多くの問題を残したままになっています。第4章でそのことをお話しします。

その前に、現在の天皇制についてお話ししましょう。

第3章

今はどうなってるの？

① 今の天皇制ってどうなってるの？

――じっさいには、今どうなってるの？


現在、どのように運営されているのか、具体的なことを見ていきましょう。

天皇に関係する国の機関に「宮内庁」があります。憲法と同じ1947年に施行された宮内庁法で「皇室関係の国家事務、天皇の国事行為にあたる外国の大使・公使の接受に関する事務、皇室の儀式に係る事務をつかさどり、御璽・国璽を保管する内閣府の機関」と規定されています。

御璽・国璽は、法律や条約の公布文、条約の批准書、大使・公使の信任状などの書類に押印される印のことです。

明治時代は「宮内省」が置かれ、1945年当時は6200人あまりの職員がいましたが、日本国憲法の施行とともに「宮内府」となり、総理大臣管轄の機関となり、機構の縮小が図られて職員が１５００人弱になりました。その後、「宮内庁」となり、現在は内閣府のもとに置かれています。現在の職員は１０００人あまりです。

――ずいぶん減ったんだね。

そうですね。天皇の位置づけが変わったことにあわせたものです。
天皇がどんなことをしているかについてみていきましょう。
天皇が行う国に関わることは、憲法に規定されています（79ページ参照）。簡単に言うと、次のようになります。

国会の指名にもとづいて、内閣総理大臣を任命すること。（第6条1項）
内閣の指名にもとづいて、最高裁判所の長たる裁判官を任命すること。（第6条2項）
第7条で定められた1～10の「国事行為」をすること。

天皇が行っている「公的行為」は法令では規定されていない

じっさいには、これら以外に、国事行為ではないものの純粋に私的行為とも言えず、公的な意味のある行為が数多くなされていて、「公的行為」と呼ばれています。ただし、法令などではいっさい規定されていません。

公的行為にはどういうものがあるかというと、たとえば国会開会式への臨席です。ちょっとわかりにくいですが、「国会を召集すること」は国事行為ですが、国会開会式への臨席は国事行為ではなく公的行為とみなされています。おなじように、「認証官任命」は国事行為ですが、式への臨席は公的行為。このほか国民体育大会など国民的行事への臨席、式典や公開の場でメッセージを朗読する行為、国内訪問、外国への公式訪問、外国元首との親電（電報）交換、外国の賓客への「接受」、園遊会の主催などが公的行為とされています。

――いっぱいあるんだね。

はい。宮内庁のホームページによると、国事行為の事項についての閣議決定の書類は２０１７年中で約９６０件。内閣総理大臣および最高裁判所長官の親任式、国務大臣や最高裁判所判事などの認証官任命式、外国特命全権大使の信任状捧呈式、勲章親授式などの儀式はじめ、他のさまざまな行事が皇居で行われ、その件数は２０１７年中で約２００件にのぼります。

それ以外に、全国戦没者追悼式、日本学士院授賞式などの東京都内の行事への臨席や、全国植樹祭、全国豊かな海づくり大会、国民体育大会などの地方訪問も多く、各地の福祉関係施設はこれまでに通算５００カ所以上訪ねた、とあります。

また、雲仙・普賢岳噴火（１９９１年）、北海道南西沖地震（１９９３年）、阪神・淡路大震災（１９９５年）、新潟県中越地震（２００４年）、新潟県中越沖地震（２００７年）、東日本大震災（２０１１年）、長野県北部地震（２０１１年）、広島県８月豪雨（２０１４年）、関東・東北豪雨（２０１５年）、熊本地震（２０１６年）、九州北部豪雨（２０１７年）の際には、現場に赴いて犠牲者を悼み、被災者を慰め、救援活動に携わる人々を励ました、とあります。

さらに、１９９４年には太平洋戦争の激戦地だった硫黄島、父島、母島へ、１９９５年には長崎、広島、沖縄、東京（東京都慰霊堂）に慰霊に赴いたとしています。

このほか、サイパン（２００５年）、パラオ（ペリリュー島　２０１５年）、フィリピン（２０１６年）も訪問しています。

――すごく忙しいんだね。

そうですね。大きな災害が起こると被災地を訪問し、避難所ではひざをついて被災者をねぎらう姿は、テレビでも放送され、おなじみになりました。

ただ、こうした行為は憲法で定められていないため、議論もあります。のちほどお話しします。

「皇室会議」についても触れておきましょう。

皇室典範の28条で皇室のことを決定する皇室会議が定められています。10人で組織されることになっていて皇族2人、衆議院と参議院の議長・副議長、内閣総理大臣、宮内庁長官、最高裁判所長官、最高裁判所判事です。

皇室会議で審議する事項は、次の5つです。

皇位継承の順序変更
立后（りっこう）と男性皇族の婚姻（立后とは、皇后を正式に決めることです）
皇族の身分の離脱
摂政（せっしょう）の設置・廃止

2017年12月1日に宮内庁庁舎内で開かれた皇室会議
皇室会議は10人で組織されますが、このときはメンバー以外の菅官房長官が参加していて、11人になっています。

摂政の順序の変更

これまでに開催された皇室会議は8回で、1947年の会議では14人の皇籍離脱が可決されました。2回目から7回目まではすべて男性皇族の結婚についてで、いずれも承認されています。

――男性皇族って、結婚するときに総理大臣とかがメンバーの会議で認めてもらわないといけないんだね。

はい。あなただったらどう思いますか？　このことについては、あとで考えましょう。

2017年12月に25年ぶりとなる会議が開かれ、天皇の退位の日程が2019年4月30日と決定されました。皇室典範に定められた事項ではありませんが、2017年6月に公布された「天皇の退位等に関する皇室典範特例法」に従って開かれました。

「特例法」については、2016年8月にテレビ放送された天皇の「ビデオメッセージ」により制定されました。このことについてはあとで触れます。

皇室に関わるお金には「宮内庁費」と「内廷費」「宮廷費」「皇族費」がある

つぎにお金についてみてみましょう。

戦前は、天皇は大地主、大株主であり大変な資産家でした。戦前の御料地などの皇室財産は、日本国憲法の施行により、すべて国の所有に移されています。

憲法第88条で、「すべて皇室財産は、国に属する。すべて皇室の費用は、予算に計上して国会の議決を経なければならない」としています。

現在、皇室に関わるお金として「宮内庁費」があります。宮内庁の運営に必要な事務、人件費で2018年度の予算は114億6582万円です。

宮内庁費以外の皇室に関わるお金については、皇室典範とは別の「皇室経済法」（1947年施行）という法律によって定めていて、「内廷費」と「宮廷費」、「皇族費」の3種があります。

これらの予算は「皇室経済会議」で決めます。会議の議員は衆議院・参議院の議長・副議長および内閣総理大臣、財務大臣、宮内庁長官、会計検査院長官の8人で、議長は内閣総理大臣です。予算は国会の議決を経る必要があります。

内廷費は「天皇並びに皇后、太皇太后、皇太后、皇太子、皇太子妃、皇太孫、皇太孫妃および内廷にあるその他の皇族の日常費用その他内廷諸費にあてるものとし、別に法律で定める定額を、毎年支出するものとする」となっています。

つまり、天皇一家と皇太子一家の私的な費用で、私的に雇用している人件費、食費や衣服代や私的な交際費、私的な旅行費用、私的な神事の経費、奨励金などです。現在の年額は3億2400万円です。（宮内庁ホームページより　以下同）

なお、所得税法第9条121項により、内廷費の給付には所得税は課されません。

——さすがに多いんだね。

そうですね。内廷費もこれからお話しする皇族費も、日本人の平均年収（420万円）と比較すれば、かなり高額であると言えるのではないでしょうか。

皇族費は「皇族としての品位保持にあてるために、年額により毎年支出するもの」で、天皇一家と皇太子一家以外の皇族に支払われます。

皇族費の定額は皇室経済法により定められていて、2018年度は一人あたり3050万円。これをもとに各皇族ごとに皇族費を算出します（表参照）。

なお、皇族が初めて独立の生計を営むさいに一時金として支出されるもの、皇族がその身分を離れるさいに一時金として支出されるものもあります。皇族費も所得税は課されません。

皇族費の各宮家別内訳（平成30年度）

（単位：千円）

<table>
<tr><td rowspan="2">区分</td><td>独立の生計を営む親王及び親王妃</td><td>独立の生計を営む親王の妃</td><td>独立の生計を営まない親王及び内親王（成年）</td><td>独立の生計を営まない親王及び内親王（未成年）</td><td>独立の生計を営まない王及び女王（成年）</td><td>独立の生計を営まない王及び女王（未成年）</td><td colspan="2" rowspan="3">計</td></tr>
<tr><td>定額
（法第6条第3項第1号，第2号但書）</td><td>定額×1/2
（法第6条第3項第2号）</td><td>定額×3/10
（法第6条第3項第4号但書）</td><td>定額×1/10
（法第6条第3項第4号）</td><td>定額×3/10×7/10
（法第6条第3項第5号）</td><td>定額×1/10×7/10
（法第6条第3項第5号）</td></tr>
<tr><td>お一方当たり年額</td><td>30,500</td><td>15,250</td><td>9,150</td><td>3,050</td><td>6,405</td><td>2,135</td></tr>
<tr><td>秋篠宮家</td><td>30,500</td><td>15,250</td><td>（お二方）
18,300</td><td>3,050</td><td>―</td><td>―</td><td colspan="2">67,100</td></tr>
<tr><td>常陸宮家</td><td>30,500</td><td>15,250</td><td>―</td><td>―</td><td>―</td><td>―</td><td colspan="2">45,750</td></tr>
<tr><td rowspan="2">三笠宮家</td><td>30,500</td><td>―</td><td>―</td><td>―</td><td>―</td><td>―</td><td>30,500</td><td rowspan="2">58,560</td></tr>
<tr><td>―</td><td>15,250</td><td>―</td><td>―</td><td>（お二方）
12,810</td><td>―</td><td>28,060</td></tr>
<tr><td>高円宮家</td><td>30,500</td><td>―</td><td>―</td><td>―</td><td>（お二方）
12,810</td><td>―</td><td colspan="2">43,310</td></tr>
<tr><td>合計</td><td>122,000</td><td>45,750</td><td>18,300</td><td>3,050</td><td>25,620</td><td>0</td><td colspan="2">214,720</td></tr>
</table>

皇族費の各宮家別内訳（宮内庁ホームページより）

３つ目の宮廷費は「内廷諸費以外の宮廷諸費に充てるものとし、宮内庁でこれを経理する」とあり、公的なお金です。褒章（ほうしょう）費や招宴（しょうえん）費、公的な交際費、国内外訪問などの経費、皇室用財産や皇居等の施設の維持費や、自動車重量税などです（勲章、褒章の費用は内閣府賞勲局の予算）。

２０１８年度の内訳は次のようになっています。

儀典関係費　23億６４８１万円
宮殿等管理費　10億２８６８万円
皇室用財産修繕費　14億４５３３万円
皇居等施設整備費　39億４０７４万円
文化財管理費　２億１４０７万円
車馬管理費　１億７７８１万円
合計　91億７１４５万円（四捨五入の関係で合計は一致しません）

以上をまとめると、２０１８年の皇室関連の予算額は次のようになります。

内廷費：３億２４００万円
皇族費：３億６４１７万円
宮廷費：91億７１４５万円
　皇室費合計：98億５９６２万円
宮内庁費：１１４億６５８２万円
皇室関連費合計：２１３億２５４３万円（四捨五入の関係で合計は一致しません）

これらすべてが、税金から支出されています。皇室経済法ができてから今年度までの「宮内庁関係予算の推移」が公表されています。

――内廷費と皇族費って、宮廷費にくらべたらこんなに少なかったんだ。

そうですね。２０１８年では内廷費、皇族費それぞれの30倍の規模です。同じグラフに表すと、数字が小さすぎて、変化の様子がわからないくらいです。
１９４７年からの推移をみると、宮廷費と宮内庁費が増えています。

とくに宮廷費が大きく変動しています。１９４７年からしばらくはほとんど増えていませんが、１９６４年の東京オリンピックの年に急に増えて5年後に少し下がりますが以前の2倍程度で推移、次に急に増えているのは即位のあった平成元年（１９８９年）です。5年後に少し下がりますが、以後60～70億円の高い水準です。

昭和天皇のときは国内、国外への訪問などは少なく、皇后も同行することはあまりありませんでした。先に紹介したように、今の天皇になって夫妻で被災地訪問や福祉施設訪問などが多くなっていますので、それを反映しているのでしょう。

働いている人の年収は１９９７年をピークに下がりつづけていることを考えれば、皇室関係予算が高い水準を維持しているのはどうなのでしょうか。

２０１８年に宮廷費が大幅（35億円）に増えているのは、２０１９年の退位、即位関連の準備費用として計上されたものです。

——退位、即位って何十億もかかるんだね。

そうですね。退位や即位の礼のやり方をどうするかは、広く検討されていません。

平成の即位礼にかんして、小林忍さんという昭和天皇の侍従（じじゅう）だった人は、天皇や皇族、

1964年の東京オリンピック以降
宮廷費と宮内庁費が上がりつづけている

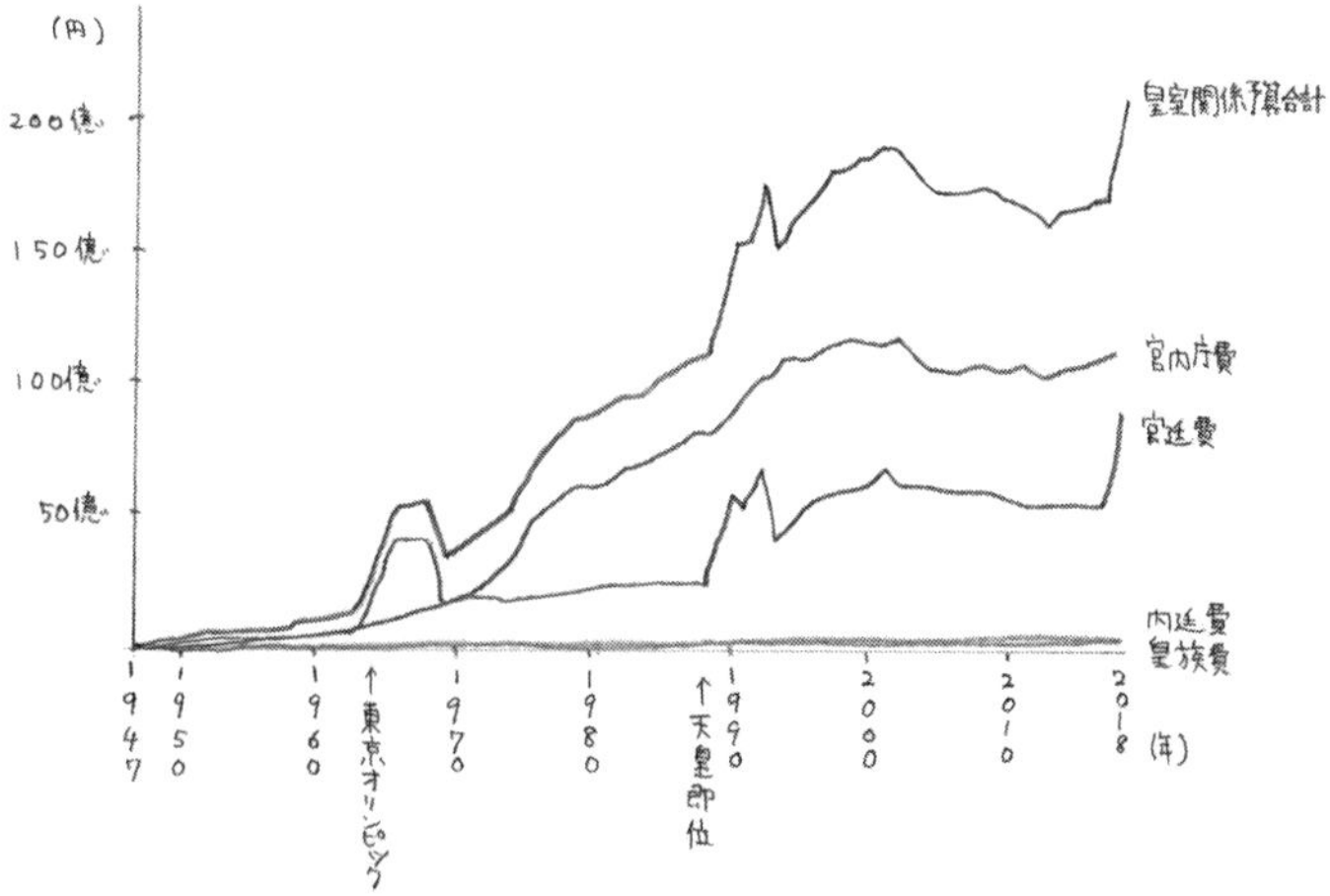

「宮内庁関係予算の推移」グラフ（宮内庁ホームページより作成）

宮内庁職員らが古風な装束だったのに、儀式に参加した海部首相らが燕尾服だったことから、「ちぐはぐな舞台装置」と日記に残していたことが報道されました（2018年8月23日）。全員が洋装にすれば「数十億の費用をかけることもなくて終る」とも記していたそうです。

——侍従だった人がそんなふうに思っていたなんて、意外。

天皇家の私的な儀式とはちがい、象徴としての天皇の退位、即位の式をするのですから、どういうものが適切なのか、もっとオープンに議論されればいいと思います。

さて、ここまで今の天皇制について、主にお金の面から見てきました。ここで「公的な行為」と「ビデオメッセージ」について考えてみましょう。

ビデオメッセージで、天皇は「私は国事行為を行うと共に、日本国憲法下で象徴と位置づけられた天皇の望ましい在り方を、日々模索しつつ過ごして来ました」という言い方をしています。被災地にお見舞いにいくとか、皇室外交などをそういうものとして位置づけている可能性があります。

天皇の公的行為については憲法学者のあいだで意見が分かれている

けれども、それらは憲法で規定する天皇の仕事には含まれていません。そのあたりをどう考えるかという問題があります。

——考えるって？

そのときの予算はどうすべきなのか、ということも含めてです。

憲法学者の中にもさまざまな考え方があります。憲法学者の意見を整理すると、だいたい次のようになります。

ひとつには、「天皇を象徴として認める以上、天皇の行う国事行為以外の行為もおおかれすくなかれ、公的意味を持つことは否定できない。したがって、公的な行為を象徴としての地位にもとづくものとして認める」という考え方で、現在多くの憲法学者に支持されています。けれども、この考え方では、公的行為の範囲がはっきりしないなど、問題もあります。

一方、「天皇は国事行為を行うほかは私的行為を行えるのみ」という考え方もあります。この考え方では、国会開会式、外国の国家儀式への参列、国内の各種大会への出席などは憲法7条10項の「儀式を行う」に含まれると捉えます。それ以外の国内外の訪問などは私的行為と捉えます。

ただし、儀式や各種の式典に参列する行為を「儀式を行う」という枠に含めるのは無理がある、という指摘もあります。

また、「憲法も生きた法律だから、時代の変化に対応するために慣例が成立する」という考え方もあります。「長期間にわたって繰り返され、変わらず明確な意味があって、一種の規範としての価値を認める国民の合意が存在する」という要件がみたされると、慣習も法律的性格を持つ。だから、公的な行為は憲法には書かれてないけれども、法的な位置づけのようなものがあるのではないか、という考え方です。

ほかにも、憲法学者のなかには、「憲法で決めている国事行為以外は、象徴としての行為であってはならず、国が関与するべきではない。ひとりの私人として被災地に行くなどすればいい」と指摘する人もいます。

憲法の建前からすればそうなります。

――私人としてって、どういう意味？

自分のお金（内廷費）で行くということです。今は、国の予算（宮廷費）から費用が支出されています。また、日本軍が侵略したところや植民地で、反省と謝罪などを行うことは、天皇がやるべきことではなく、国民の代表である首相や閣僚が国会の議決にもとづいてやるべきではないか、という指摘もあります。

日本は植民地支配や戦争でアジア諸国に大きな苦しみと被害を与えましたが、それにたいして、謝罪や賠償がきちんとできていません。まずは国として戦争責任に向き合う必要があるという考え方です。

いずれにしても、公的な行為の法的な位置づけがはっきりしていないのはたしかです。一部の憲法学者だけではなく、広く国民的に議論される必要があると思います。

また、「ビデオメッセージ」については、もうひとつの問題点があります。「ビデオメッセージ」が2016年8月にテレビ放送されたのち、2017年6月に「特例法」がつくられました。

社会的にはおおかた「高齢になって、公務ができなくなったのではしかたない」と心情的に捉えられています。また、そういう世論を背景に特別法の成立、生前退位が決まったと言えるでしょう。

けれども、それとは別に法律的な問題があります。

ほとんど議論されませんでしたが、象徴天皇制で、天皇は政治行為ができないと憲法で定められているのに、法律をつくるというのは政治的行為ですから、天皇がそれをうながすのは憲法違反ではないか、ということです。

——むずかしすぎてわからない。

はい。むずかしい問題で、簡単には答えはでません。でも、現在の天皇制は「国民の総意にもとづく」と憲法で定めています。天皇制のあり方については、国民が議論すべきことなのです。

天皇制のあり方は
国民が議論すべきもの

②
私たちが天皇制について考えるの？

――国民として天皇制について考えないといけないなんて、思ってもみなかった。

天皇制というと、なんとなくあって当然という気がしているかもしれませんね。敗戦後、国民投票や議会で王制廃止を決めたイタリア、ブルガリア、ハンガリーのように、日本も戦争に負けたあとのタイミングで国民的に考える機会があってもよかったのですが、お話ししたように、占領軍（ＧＨＱ）は、天皇制を残す方針をとりました。

戦後、国民自らが決める機会がなかったことも、あなたが天皇制について考えるなんて思ってもみなかったことと関係があるかもしれません。

天皇制を残したＧＨＱは同時に、戦前のような天皇崇拝につながらないような対策をとりました。元号についての条文を新しい皇室典範から外させたり、天皇制に深く関係する祝日をやめさせたりといったことです。
でも、その後、これらの天皇制と非常に結びついた制度が復活してきました。それは、明治時代のあり方にもどそうとする人たちによる運動の成果でした。順番にみていきましょう。

敗戦後から21年後の1966年、「国民の祝日に関する法律」（祝日法）が改定され、2月11日が「建国記念の日」と制定されました。戦前の「紀元節」の復活でした。

紀元節は、『古事記』などで初代天皇とされる神武天皇が即位したのが紀元前660年の1月1日で、それを新暦に直すと2月11日ということで1872年（明治5年）に定められました。神話にもとづいた日で、じっさいに大和政権ができたのは5〜6世紀頃と考えられていますから、それとはまったく関係ありません。

戦前は、「御真影（ごしんえい）」と「教育勅語（きょういくちょくご）」を取り出して儀式をした日のひとつでした。

1948年にGHQの意向で廃止されていましたが、その3年後の1951年、翌年の主権回復よりも早い時期から、「建国記念の日制定運動」が開始され、それから15年を経て、祝日法改正にいたって、「紀元節」が「建国記念の日」として復活することになりました。

次に、1979年に「元号法」が成立します。

戦後の皇室典範では元号について定めた条文が削除されたことはお話ししましたね。さ

2月11日の「建国記念の日」は
戦前の「紀元節」が復活したもの

きほどあなたが疑問に思ったように、1948年以降は、じつは元号は法的には宙に浮いた状態でした。

――その間どうしてたの？

変わらずに使っていました。そのままだと、いずれはなくなったのかもしれませんが、明治時代のような日本にもどそうとする人たちによる復活運動が実を結びました。元号法は皇室典範とは別に制定されました。非常に短い条文です。

元号は、政令で定める。（第1項）
元号は、皇位の継承があった場合に限り改める。（第2項）

この元号法にもとづいて、昭和天皇が亡くなって、次の天皇が即位したときに新しい元号が「平成」と決められました。

――元号がなくなってたかもしれないと思うと、不思議な気がする。

そうですね。当たり前と思っていることでも、案外根拠がないこともあります。「日の丸」「君が代」も、1999年に「国旗および国歌に関する法律」(国旗国歌法)が成立するまでは、それぞれ「国旗」「国歌」とする法律はありませんでした。

じっさいには、どちらも明治時代から国旗や国歌のように扱われて、日本のアジア侵略の象徴となってきました。そのような歴史があることから、戦後、「日の丸」「君が代」を国旗、国歌として使うべきではない、と考える人たちもいます。私もそういう立場です。

第二次世界大戦では日本はドイツ、イタリアと「三国同盟」を結び「枢軸国」陣営としてイギリス、アメリカ、ソビエト連邦などの「連合国陣営」と戦い、敗戦国となりました。敗戦国となった日本、ドイツ、イタリアのうち、戦争中に使っていた国旗をそのまま使いつづけているのは日本だけです。

日本に侵略されたアジア諸国の人々にとっては、侵略の象徴であった日の丸を、戦後も日本が揚げるということは、友好という観点からみるとまったくの逆効果になると思います。

現在、ほとんどの学校で入学式や卒業式に「日の丸」が掲げられ、「君が代」を歌いますが、それらが侵略戦争を象徴するものという理由で、それに反対する教職員の団体もありまし

侵略の象徴だった日の丸を使いつづけるのは、アジア諸国との友好という意味では逆効果

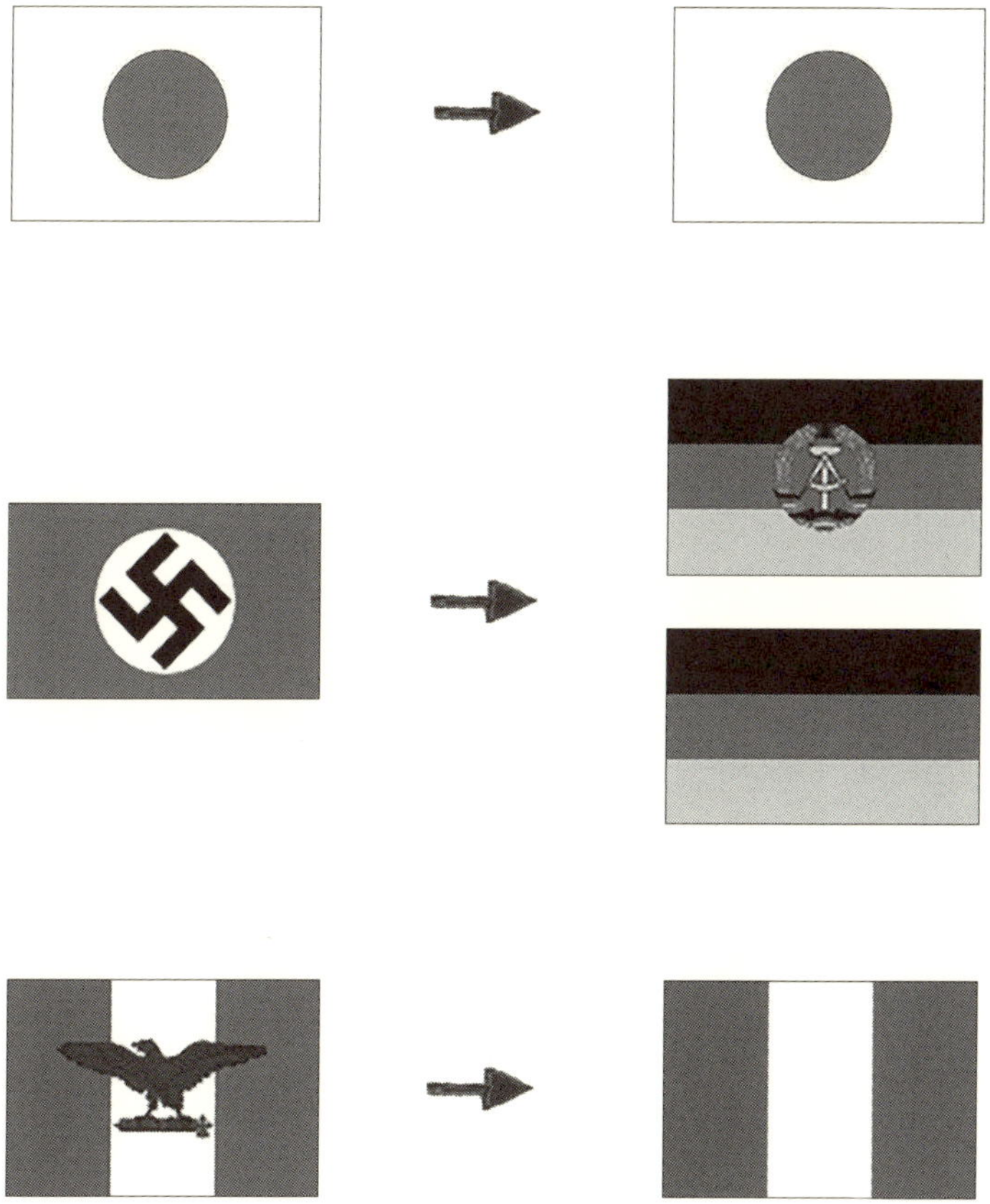

日本、ドイツ、イタリアの国旗（戦前・戦後）

た。

1999年2月、広島の県立高校の校長が、卒業式当日に自殺しました。1996年ごろから「公立学校において、日の丸掲揚(けいよう)、君が代斉唱(せいしょう)するように」という文部省の通達があり、教育委員会から実施を迫られると同時に、学校内の教職員から強く反対されて「自分の選ぶ道がどこにもない」という遺書を残して自殺したのでした。

「御真影」を守ろうとして教師が命を落としていた時代から50年以上たって、ふたたび、文部省（国）の圧力がひとつの原因になって命が失われた事件でした。ところが、政府はこのような悲劇が起きたのは、法律で決められていなかったからだとして同じ年の8月に「国旗国歌法」を成立させました。

——学校で日の丸を掲げて、君が代を歌うのは当たり前だと思ってたけど、そんなことが起きていたなんて……。

そうですね。天皇制は空気のようで、ふだんは意識しないかもしれませんが、じつはあなたの生活に深く関わっています。そういう身近なところから、天皇制について考えはじめてみてもいいのではないでしょうか。

1999年、日の丸掲揚、君が代斉唱をめぐって
高校の校長先生が卒業式の日に自殺した

次に「君が代」についてもみておきましょう。

「君が代」は、「天皇の御代（みよ）が長くつづきますように」という天皇をたたえる内容です。

歌詞は次のとおりです。

君が代は
千代に八千代に
さざれ石の
いわおとなりて
苔のむすまで

――どうして「君が代」が天皇の世って言えるの？

じっさいに、明治時代以降、権威も権力も持った天皇を君主とする天皇制の日本で、天皇を敬い、たたえるものとして歌われてきた歴史があります。それを「国歌」とすることは、明治からの体制を肯定することになります。

敗戦後、これまでとはちがう民主主義国家として出発するときに、君主をたたえる歌を、そのまま国歌にしていいのかということは、大いに議論されるべきでしたし、公募するなどして新しい国歌をつくってもよかったのです。

しかし現実には、「君が代」を法律で国歌と定めることになりました。

「国旗国歌法」により「日の丸」「君が代」を法的にも「国旗」「国歌」としたとき、当時の小渕恵三首相は、「国旗および国歌の強制についておたづねがありましたが、政府といたしましては、国旗国歌の法制化に当たり、国旗の掲揚に関し義務付けなどを行うことは考えておりません」と言っていました。

ところが、法制化を契機に、学校現場で、入学式や卒業式で国歌斉唱しない教師などが、「職務命令違反」で処分されることが多くなりました。処分されるということは、強制されているのと同じです。処分された人の中には「国歌斉唱を強制することは、思想・良心の自由を保障している憲法に反している」として裁判をしている人もいます。

――どうして国歌斉唱が、思想・良心の自由の問題になるの？

入学式などで「君が代」を歌うことは侵略戦争を肯定する行為であり、戦前の侵略戦争を否定する考えを持った人がそれを強制されるのは、自分の思想とは相いれない行為を強制されることだからです。

弁護士の団体である日本弁護士連合会は、２００７年2月16日付の『公立の学校現場における「日の丸」「君が代」の強制問題に関する意見書』で、学校現場での教職員や児童・生徒にたいする「日の丸」「君が代」の強制を批判するとともに、教職員にたいする不利益な処分ないし不利益な取り扱いを批判しています。けれども、処分に反対した教師たちの裁判は敗訴しています。

最高裁判所は、思想・良心の自由より職務命令が優先されるという判断を出した

最高裁判事の多数意見は、多くの教職員らになされた処分について「学校の規律や秩序の保持等の見地からその相当性が基礎づけられるものであって、懲戒権者の裁量権の範囲の逸脱、またはその乱用にあたるとは解しがたい」として学校の処分は妥当と判断しています。

思想・良心の自由については、「思想および良心の自由についての間接的な制約となる面はあるものの、職務命令の目的などを総合的に考慮すれば、この制約を許容しうる程度の必要性および合理性が認められる」としています。

つまり、憲法で保障している思想・良心の自由より、職務命令が優先されるという判断です。

政府は強制はしないと言っていましたが、じっさいにはこのような状況になっています。2016年2月には、文部科学大臣が卒業式で国家斉唱を行わない方針をとった国立大学の学長にたいして、「国立大として運営費交付金が投入されているなかで、あえてそういう表現をすることは、私の感覚からするとちょっと恥ずかしい」と発言しています。

――国旗国歌法ができる前より、自由じゃなくなったってこと？

そう言えます。ただし、単に思想・良心の自由が制限されるという意味だけでなく、侵略戦争についての反省を許さない、被害にあった人々に向き合うことを許さない方向に社会が進んだことを意味します。

それには、このような判決を出す司法を含め、より大きな構造的な問題もあります。本来、裁判所（司法）は、政府（行政）、議会（立法）とあわせた三権の一つとして、独立しているべきものですが、日本の裁判所、とくに最高裁判所は、行政に従う判断をすることが多く、「憲法違反」という判断はなかなか出ません。

それは、ひとつには、日本の支配層が戦前と戦後でリセットされていないからです。戦前と戦後は一部切断したような側面もありますが、国家機構そのものが、建前としては新しく変わったとしても、じっさいには断絶されてないのです。主体となって国を運営している人の思想や、役所の機構のあり方や、社会のあり方の多くが切断されないままつながっています。

司法について言えば、ＧＨＱは戦前の裁判官を追放していません。多くの裁判官がそのまま裁判官として残りました。戦前の責任を問われて公職追放となったのは、特高警察（特別高等警察）や、職業軍人など、軍国主義的、または極端な国家主義的な指導者とされる一部の人だけでした。

戦後の裁判所は一からつくったわけではなかったのです。

――え？　そうなの？

はい。もっとも、戦前、戦中とまったく同じというわけではありません。

戦前は弁護士は裁判官、検察官より低い扱いだったうえに、弁護士は司法大臣の監督下におかれていて、国が問題であると判断した弁護士の資格を剥奪（はくだつ）することができました。そのため弁護士は国により厳しく管理されていました。

たとえば、「生きべくんば民衆とともに、死すべくんば民衆のために」をモットーに、国内の治安維持法による弾圧事件や、台湾、朝鮮の独立運動に関する数々の事件の弁護をした布施辰治弁護士は、弁護士資格を奪われたほか、治安維持法違反で起訴され、実刑判決をうけて獄中生活を送っています。

これでは、国の意向に反する人の人権を守ることができません。こうしたことから、戦後は弁護士・弁護士会などが努力して「弁護士法」(1949年施行)がつくられた結果、現在の弁護士は国の監督を受けなくなっています。

ただし、戦前の裁判官の多くがそのまま残りましたから、戦前、戦中に治安維持法を適用して国内では反戦運動を弾圧し、植民地の台湾や朝鮮では独立運動を弾圧していた裁判官が戦後も司法の中枢として残りました。

しかもその後、アメリカの占領中から、アメリカとソ連を中心に資本主義陣営と共産主義陣営が厳しく対立する冷戦時代に突入し、GHQの指令によって日本共産党やその周辺の人たちを公務員や議員などの公職や企業などから追放する「レッドパージ」が行われました。そのなかで、軍国主義者、極端な国家主義者としてGHQにより追放された人たちが公職に復活してきました。

その後、朝鮮戦争が起こると「警察予備隊」という名前で軍隊が組織され、「保安隊」「自衛隊」となっていくときに、その中枢を占めたのも旧日本軍の人たちでした。

国内の反戦運動を弾圧し、植民地の独立運動を弾圧していた裁判官が戦後も残った

つまり、官僚機構とか国のシステムとか、国の支配層というのが、戦前からずっと連続しているのです。

別な見方をすれば、戦争によってあれだけの犠牲者が出たので、国民の運動のなかで、新しい憲法がつくられるとか、新しい社会がつくられるという動きがあってもよかったのですが、日本では市民・国民による民主主義革命や市民革命が行われませんでした。

そういう戦後社会のなかで、天皇制に関係の深い法律や制度が復活してきているのです。

次に、天皇制と深く結びついた、戦後の戦争責任についてお話しします。戦争責任について考えることは、日本の未来にとって、どうしても必要なことだからです。

第4章

未来のために考えるべきことってなに？

1 戦争責任が日本の未来や天皇制と関係あるの?

——戦争責任と天皇制が関係あるの?

はい。天皇は軍の統帥権をもっていましたから、戦争に責任があるのは間違いありません。じっさい、天皇自身も何度か退位しようとしたものの、アメリカに許されませんでした。2018年になって、前述の小林忍さんという昭和天皇の侍従だった人の日記が、共同通信を通じて発表されました。そのなかで、昭和天皇が戦争責任のことをずっと気にしていたということが書かれていました。

また、1980年に、中国から初めて華国鋒首相が来日したときには、昭和天皇が侵略戦争の反省を述べようとしたら、それをまわりから止められて、一般的な挨拶しかできなかったとも書かれていました。

「長く生きても… 戦争責任いわれる」

昭和天皇85歳 大戦苦悩

故小林侍従日記に記載

昭和天皇が八十五歳だった一九八七（昭和六十二）年四月に、戦争責任を巡る苦悩を漏らしたと元侍従の故小林忍氏の日記に記されていることが分かった。共同通信が二十二日までに日記を入手した。昭和天皇の発言として「仕事を楽にして細く長く生きても仕方がない。辛いことをみたりきいたりすることが多くなるばかり。兄弟など近親者の不幸にあい、戦争責任のことをいわれる」と記述している。＝世評に涙③日記詳報⑥沖縄訪問望み㉘面

一般参賀の人たちに手を振る昭和天皇、香淳皇后＝1987年4月、皇居・長和殿で

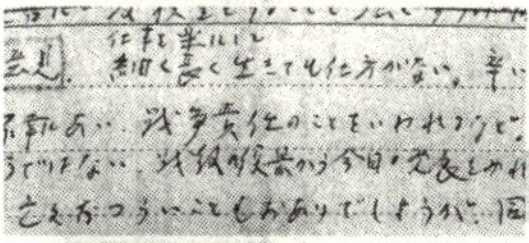

1967年4月7日の「小林忍侍従日記」。「細く長く生きても仕方がない」と昭和天皇が吐露した心情が記されている

小林忍氏＝1993年、宮内庁で（遺族提供）

日記のポイント

- ※1974年4月～2000年6月の昭和天皇の侍従、香淳皇后側近としての記述
- ※仕事を楽にして細く長く生きても仕方がない。戦争責任のことをいわれる、と昭和天皇（87年4月7日の記述）
- ※戦争責任はごく一部の者がいうだけで国民の大多数はそうではない、と昭和天皇に小林忍侍従（同日の記述）

日中戦争や太平洋戦争を経験した昭和天皇が晩年まで戦争責任について気に掛けていた心情が改めて浮き彫りになった。小林氏は昭和天皇の側近として長く務め、日記は昭和後半の重要史料といえる。

八七年四月七日の欄に「昨夕のこと」と記されており、昭和天皇がこの前日、住まいの皇居・吹上御所で、当直だった小林氏に直接語った場面とみられる。当時、宮内庁は昭和天皇の負担軽減策を検討していた。この年の二月には弟の高松宮に先立たれた。

小林氏はその場で「戦争責任はごく一部の者がいうだけで国民の大多数はそうではない。戦後の復興から今日の発展をみれば、もう過去の歴史の一こまにすぎない。お気になさることはない」と励ました。

既に公表されている先輩侍従の故卜部亮吾氏の日記にも、同じ四月七日に「長生きするとろくなことはないとか 小林侍従がおとりなししたと」とつづられており、小林氏の記述と符合する。

日記には昭和天皇がこの時期、具体的にいつ、誰から戦争責任を指摘されたのかについての記述はない。直近では、八六年三月の衆院予算委員会で共産党の衆院議員だった故正森成二氏が「無謀な戦争を始めて日本を転覆寸前まで行かしたのは誰か」と天皇の責任を追及、これを否定する中曽根康弘首相と激しい論争が交わされた。八八年十二月には長崎市長だった故本島等氏が「天皇の戦争責任はあると思う」と発言し、波紋を広げるなど晩年まで度々論争の的になった。

昭和天皇は、八七年四月二十九日に皇居・宮殿で行われた天皇誕生日の宴会で嘔吐し退席。この年の九月に手術をし、一時復調したが八八年九月に吐血して再び倒れ、八九年一月七日に亡くなった。

小林氏は人事院出身。昭和天皇の侍従になった七四年四月から、側近として務めた香淳皇后が亡くなる二〇〇〇年六月までの二十六年間、ほぼ毎日日記をつづった。共同通信が遺族から日記を預かり、昭和史に詳しい作家の半藤一利氏とノンフィクション作家の保阪正康氏と共に分析した。

お断り　「小林忍侍従日記」からの引用、記述部分の表記は、基本的に原文のままとしました。

心奥触れる「昭和後半史」

【解説】昭和天皇の侍従だった故小林忍氏の日記には、晩年まで戦争の影を引きずる天皇の苦悩が克明につづられている。アジアの国を侵略した大日本帝国を率い、太平洋戦争の開戦と敗戦に臨んだ天皇の脳裏に刻まれた記憶が、最期まで頭から離れなかったことが改めて確認できる。貴重な「昭和後半史」だ。

昭和天皇は「戦前も平和を念願しての外交だった」（一九七五年五月十三日）と吐露したり、「細く長く生きても仕方がない」「戦争責任のことをいわれる」（八七年四月七日）と弱音を漏らしたりしていた。戦時中、学徒動員された二十二歳年下で一侍従の小林氏に信頼を寄せ、胸中を直接、明かした。戦争責任を問う世評に神経をとがらせる内情がにじむ記述だ。

アジアの国にも配慮を見せている。八〇年五月二十七日の記述には、国賓として来日した中国の華国鋒（かこくほう）首相に「陛下は日中戦争は遺憾であった旨先方におっしゃりたいが、長官、式部官長は今更ということで反対の意向とか」とある。小林氏は昭和天皇の考えに賛意を示すが、幹部が、中国侵略を正当化する右翼の反発を懸念し、封印してしまう。

戦前の青年将校によるクーデター未遂で側近らが犠牲になった「二・二六事件」（三六年）があった二月二十六日は毎年、「慎みの日」としていた記述も多数ある。既に公になっているエピソードだ。「臣下」を失った悲しみは、癒えることはなかった。

敗戦から七十三年。戦争の記憶が遠くなる中、昭和天皇が晩年、どういう思いで「大戦」に向き合ったのか、心奥に触れる価値ある日記だ。（共同・三井潔）

「東京新聞」2018年8月23日付

15年にわたって中国大陸で戦争をした最高責任者として、戦争後初めて相手国の代表と会う際に、戦争について謝罪するなど、なんらかの形で触れるのは当然です。それができないことに、日本が戦後、戦争責任に向き合ってこなかったことが現れています。
どういうことか、まずは日本がどんな戦争をしてきたのか、そこからみていきましょう。

明治政府は、日本が欧米諸国から植民地にされないために、逆に近隣の国を植民地にする側に回るという方針をとりました。ですから、明治維新から敗戦までの間は、日本の歴史は戦争の連続でした。

明治維新直後の琉球処分、１８７４年の台湾出兵、１８９４年からの日清戦争、１９０４年からの日露戦争、１９１４年からの第一次世界大戦に参戦、１９１８年からシベリア出兵、１９２７〜29年に山東（さんとう）出兵、１９３１年に満州事変、１９３７年から日中全面戦争、そして１９４１年にアジア太平洋戦争にいたります。

これらの戦争のほとんどは対中国戦争でした。日露戦争のときも主な戦場となったのは中国東北部、朝鮮半島近辺と遼東（りょうとう）半島でしたし、第一次世界大戦に参戦したときも、出兵したのは山東半島でした。

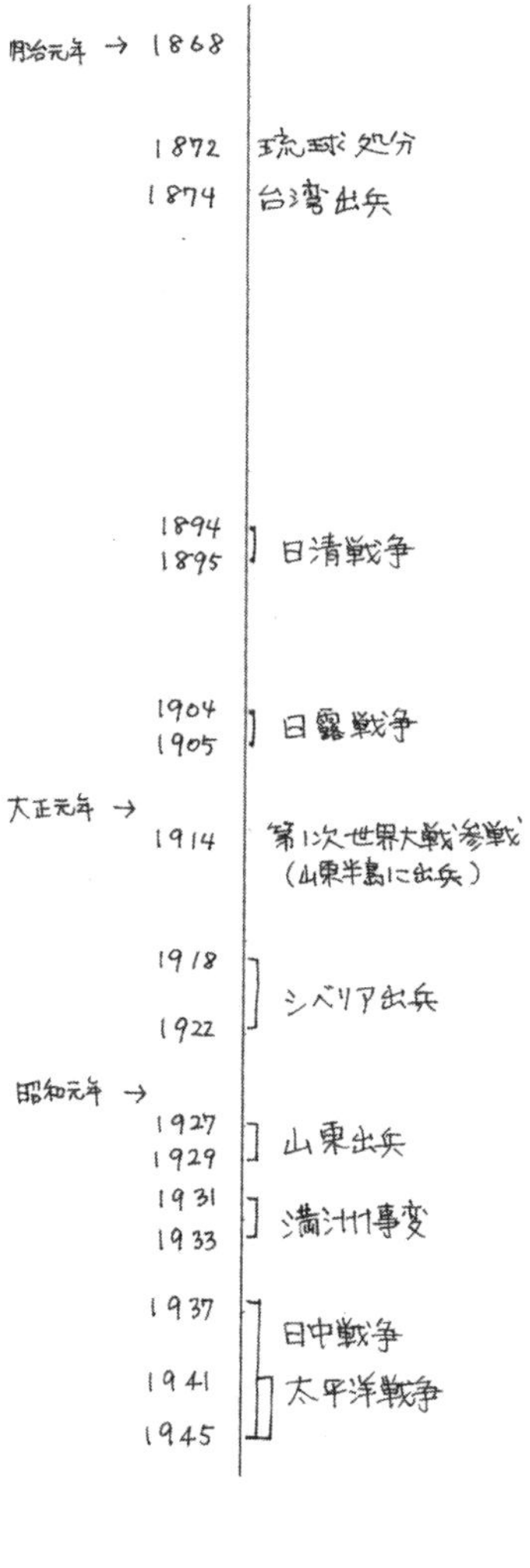
明治元年 → 1868
1872 琉球処分
1874 台湾出兵
1894
1895 日清戦争
1904
1905 日露戦争
大正元年 →
1914 第1次世界大戦参戦
（山東半島に出兵）
1918
1922 シベリア出兵
昭和元年 →
1927
1929 山東出兵
1931
1933 満州事変
1937 日中戦争
1941 太平洋戦争
1945

日清戦争の主な戦場
山東半島

日露戦争の主な戦場
山東半島

――そんなにたくさん戦争してたんだ。

はい。これらの戦争の指導において、神国なので負けることがない、という精神主義的な軍隊教育が行われて、合理的な戦争遂行がなされませんでした。中国との戦争も簡単に終わると見込まれていたようですが、中国の国民党や中国共産党の反撃にあって、長期化していきました。

１９４１年12月、日本は実質的にアメリカとの戦争である太平洋戦争を始めました。戦場は主に「南方」と呼ばれた東南アジアでした。山口大学名誉教授で、日本の歴史学者の纐纈厚さんは調査により、太平洋戦争が始まったのちも、日本軍の比重は「南方」よりも中国戦線にあったことを明らかにしています（『日本は支那をみくびりたり」日中戦争とは何だったのか』同時代社）。

左ページ下のグラフを見てください。１９４４年の段階で中国戦線と南方戦線で投入兵力数が逆転していますが、１９４５年にはまた中国戦線が南方戦線より多くなっています。また、１９４１年～１９４５年までに中国戦線に投入された軍事費総額は４１５億４１００万円で、同じ期間の軍事費支出の57％。南方戦線での合計は１８４億２６００万

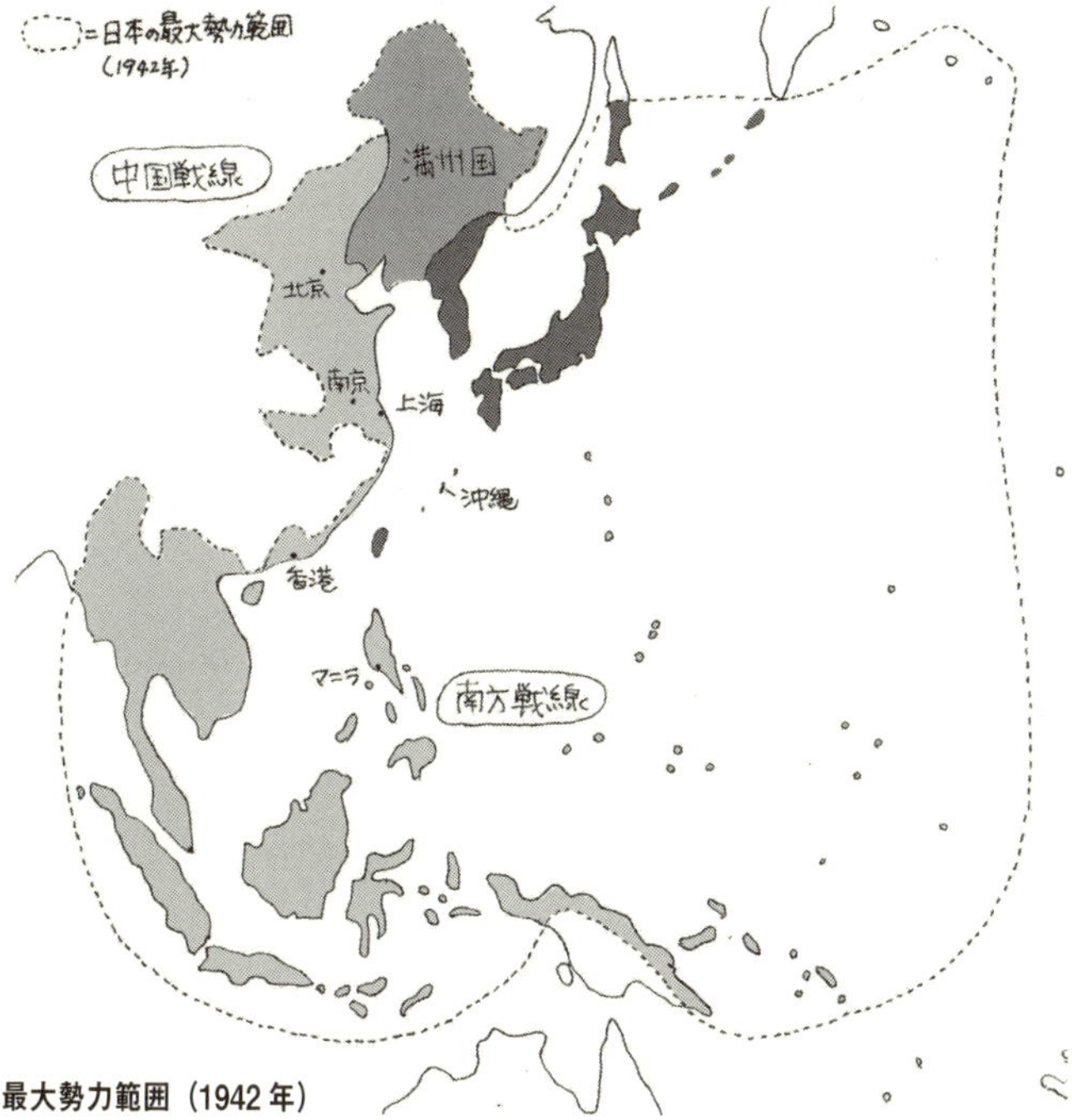

日本の最大勢力範囲（1942年）

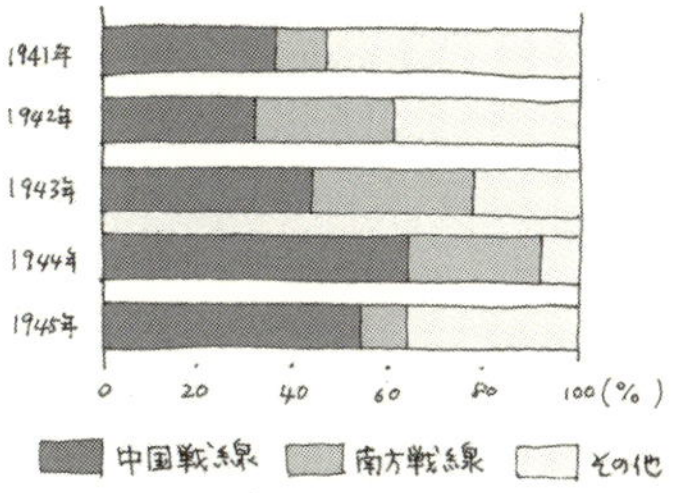

中国戦線、南方戦線の軍事費

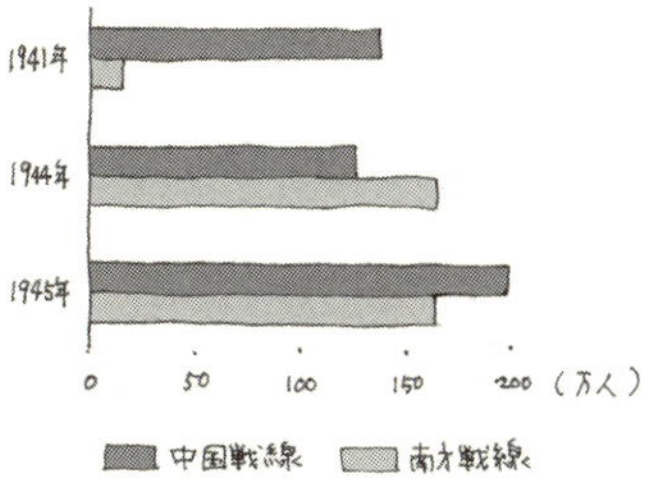

中国戦線、南方戦線に投入された兵員数

『「日本は支那をみくびりたり」日中戦争とは何だったのか』より作成

円で同25％です。軍事費支出の面からみても、中国戦線に南方戦線の2倍あまりを投入しています。どれだけ中国での戦争が大きなウエイトを占めていたかがわかります。

纐纈さんは「日本は長期戦となった中国戦線で戦力および国力の消耗を強いられ、弱体化していった。最終的にはアメリカ軍の戦力および原爆投下によって敗北を期する結果となるが、その敗北の要因は中国戦線での形勢で蓄積された歴史的事実をふまえる必要がある」と指摘しています。

よく、日本は圧倒的な戦力を持つアメリカに負けたのだと言われますが、纐纈さんは、「日本は中国に敗北し、アメリカに降伏したというのが正確だ」と言っています。

――アメリカに負ける前に中国に負けてたってこと？

はい。日本の歴史をみると古来、中国からさまざまなものを学んだり、中国に朝貢（ちょうこう）していたのですが、この段階になると中国をあなどって戦争をはじめたものの、予想どおりにいかず、戦線がどんどん広がって、そこに大量の軍がはりつかざるを得ませんでした。

それを見ないようにして、アメリカに負けたのだと思うことは、戦後の歴史のなかで、中国にたいする戦争を過小評価することにつながり、戦争の実態をきちんと把握して直視していないことが、戦争責任の問題もあいまいにし、十分に考えられない原因のひとつになっています。

中国には、戦後１９４９年に中国共産党を中心とした「中華人民共和国」が成立します。「中華民国」（台湾）とどちらが代表政権とするか結論がでず、いずれもアジア太平洋戦争の戦後の取り決めをしたサンフランシスコ講和条約には、ソ連と同様に参加していません。東西冷戦の緊張が増すなか、１９７２年まで中華人民共和国との国交もありませんでした。そういうことも、日中戦争の評価をあいまいにしている要因になっていると思います。

中国との戦争を過小評価することは、戦争責任をあいまいにすることにつながっている

――冷戦構造がまた出てきたね。

はい。第二次世界大戦後から１９９０年までは、東西対立が世界をおおう非常に大きな存在でした。とくに日本にとって、アメリカが共産勢力の防波堤として、日本を西側陣営に組み入れたことは、戦後のあり方に決定的な影響がありました。

戦争責任をあいまいにしているほかの例もお話ししましょう。

「敗戦」を「終戦」、「戦死者」を「戦没者」とする〝言い換え〟です。

「終戦」については、8月15日が「終戦記念日」となっていますが、この日は天皇の「玉音放送」が放送された日です。「玉音放送」自体も、戦争に負けたなど、はっきりしたことは言っていません。元は漢文調でわかりにくいので、口語訳を紹介しましょう。少し長いですが、全文を紹介します。

玉音放送

私は、世界の情勢と日本の現状を深く考え、緊急の措置でこの事態を収拾しようとし、忠良なるあなた方臣民に告げる。

私は政府に、アメリカ、イギリス、中国、ソ連の4カ国にたいして、共同宣言（ポツダム宣言）を受け入れる旨を伝えるよう指示した。

そもそも日本臣民が平穏に暮らし、世界がともに栄え、その喜びを共有することは、先祖代々の天皇の遺した手本で、私も常にその考えを持ちつづけてきた。先にアメリカとイギリスに宣戦布告した理由も、日本の自立と東アジアの安定を心から願うからであり、他国の主権を排して、領土を侵すようなことは、もとより私の意志ではない。

だが、戦争はすでに4年もつづき、我が陸海軍の将兵は勇敢に戦い、すべての役人が職務に励み、一億臣民も義務を果たし、それぞれが最善を尽くしたにもかかわらず、戦局は必ずしも好転しない。世界の大勢もまた日本に不利であるばかりか、敵は新たに残虐な爆弾を使用して、しきりに罪のない人々を殺傷し、その惨害はまことに測り知れないまでにいたった。

それでもなお戦争をつづければ、ついには我が民族の滅亡を招くだけでなく、ひいては人類の文明をも破壊してしまうだろう。そのようなことになれば、私はどのようにして我が子のような万民を守り、先祖代々の天皇の霊に謝罪できようか。これが、私が政府に共同宣言に応じるよう指示するにいたった理由だ。

私は、日本とともに、常にアジアの解放のため協力した友好諸国にたいし、遺憾の意を表明せざるをえない。日本臣民も、戦死したり、職場で殉職し、天命をまっとうせず命を落とした人、およびその遺族のことを考えると、身も引き裂かれる思いだ。また、戦争で傷を負い、戦禍を被り、家や仕事を失った者の生活にも、とても心を痛めている。

これから日本が受ける苦難はもとより尋常ではないだろう。臣民の気持ちも、私はよくわかっている。けれども私は、時の運命に導かれるまま、耐え難いことにも耐え、我慢ならないことも我慢して、万世のために平和を実現したい。
私はここに国体を守ることができ、忠良な臣民の真心を信じ、常に臣民とともにある。もし、感情のままに争いごとや問題を起こしたり、仲間同士が互いを押しのけたり、時局を混乱させ、そのために道を誤り、世界の信用を失うようなことになれば、それは私が最も戒めることだ。国を挙げて団結し、この国を子孫に受け継ぎ、神国（日本）の不滅を固く信じ、責任は重く、その道のりは遠いことを心に留め、すべての力を将来の建設に傾け、道義心を大切にし、志を固く誓って、国体の真髄を発揮し、世界の流れから遅れないようにしなければならない。あなた方臣民は、これが私の意志だとよく理解して行動してほしい。

「敗北」とか「無条件降伏」とは言っていません。あいまいな言い方です。それに、天皇自身が太平洋戦争の開戦の宣言をしたのに、自分の起こした戦争を、日本民族を残すためにやめるというような言い方です。

――たしかにそんな感じがあるね。

はい。また、玉音放送の前、「御前会議（ごぜんかいぎ）」で天皇が降伏を決断したことは「ご聖断（せいだん）」とも呼ばれています。じっさいには敗戦ですが、「ご聖断」と言うと、平和のために「戦争を終わらせるという決断をした」という印象になります。

戦争を始めたのが別の人ならそれでもいいのですが、戦争を始めたときも同じ天皇の決断があったのです。太平洋戦争開戦のさい、天皇の決断に、東条英機が「すでに勝った」と発言したというのは第2章でお話ししました。それ以前の戦争についても、最高責任者の天皇の裁可は必要でした。

「ご聖断」という言葉は、戦争を始めた責任者である天皇を、戦争を終わらせた天皇として美化する言葉となっています。

――言い方でイメージが変わるんだね。

そのとおりです。日本で戦争というと、徴兵されていった戦地でどんなにたいへんな目にあったかとか、戦争中のくらしの苦労とか、空襲の悲惨な体験とか、原爆のおそろしさが頭に浮かぶのではないでしょうか。それには、戦争について、広島、長崎の原爆、東京大空襲など、被害者的側面はよく報道されますが、加害者的側面はあまり報道されないことが大きくかかわっています。

もちろん、被害についても語り継がなければなりません。しかしながら、被害体験だけでは同じことを繰り返さない、ということにはなりません。植民地支配や侵略戦争、戦争の犠牲者を二度と生まないためには、加害体験を語り継いでいかなければいけないのです。

――どうして？

自衛のための戦争といって、惨禍(さんか)を繰り返してきたのがこれまでの人間の歴史だからです。第一次世界大戦後の１９２８年の「パリ不戦条約」以降の戦争は、すべて自衛のための戦争という口実で始まっているのです。戦争の被害に遭わないように、ということで戦争が引き起こされてきました。

先の纐纈さんは、「為政者は、かならず戦争が始まる前に、そういう目に遭(あ)わないために戦争するんだと言う。前のような被害に遭わないために戦争するのだ、なにもしなければ同じような被害、もっとひどい被害に遭うから戦争するんだと言う」と指摘しています。

戦争責任とは
加害者としての責任

日本の戦争の記憶は、日本人自身の被害体験が多く、日本軍が植民地支配をした国や侵略した国の人々にどんな被害を与えたか、兵士ひとりひとりがどんな行為をしてきたのかは、あまりありません。けれども、「どんな目にあわされたか」ということだけでは戦争を反省することにはつながりません。「どんな目にあわせたか」という視点が必要なのです。

戦後、連合国軍によって開かれた「東京裁判」でも、問題にされたのは日本国民が被害にあわされたことではなくて、戦争の過程で中国、朝鮮半島はじめアジア太平洋地域の占領地で、非人道的なことや、犯罪的なことをやったことが問われました。加害者としての責任こそが戦争責任なのです。

その加害責任を追及していけば、戦前の体制からすれば天皇が最高権力者ですから、どうしても最後は天皇の戦争責任に行きつかざるをえない面があります。もちろん側近だった軍部、政府・閣僚などの戦争責任もありますが、天皇の責任が生じないということはあり得ません。

けれども、第2章でお話ししたように、アメリカは日本の統治をうまくやるためには天皇制をのこしたほうがいいと判断し、天皇の責任を追及しませんでした。

最高責任者の天皇が責任を問われなかったことで、植民地支配や侵略戦争、日本国民も

310万人が犠牲になり、アジア諸国で2000万人近い犠牲者を出したことについての責任の追及があいまいになり、結局、「東京裁判」で戦犯として裁かれた人たちだけの責任になってしまいました。

――それだけじゃだめなの?

はい。戦勝国による裁判だけでは、自分たち自身が戦争責任に向き合うことにはなりません。あとでお話ししますが、ドイツは戦後、連合軍によってナチスの戦犯を裁いたニュルンベルク裁判だけでなく、独自にドイツ国民自身がナチスの戦争犯罪を追及することをつづけてきました。現在でも90歳を超えるナチスの親衛隊員だった人の戦争責任を追及する裁判がドイツで行われています。

日本ではそういうことは起きませんでした。

それには、冷戦構造を背景に、アメリカとソ連という超大国を筆頭に、世界の多くの国々がどちらかの陣営に組み込まれ、厳しく対立するなかで、日本に植民地にされた国々の人々、占領された国々の人々の日本の戦争責任を問う声が封鎖されつづけた、という外的な要因もあります。

それにたいして内的な要因としては、戦争責任の追及を進めていくと、どうしても天皇の戦争責任に行きついてしまうので、そこが重石になっている面もあると思います。

また、戦後、国民が象徴天皇制を受け入れたことは、天皇の戦争責任をあいまいにすることにつながり、結局は他の軍部や政府関係者などの戦争責任の追及もあいまいになっていった面もあります。

——どういうこと？

かりに、最高責任者の天皇が退位するとか天皇制廃止になっていたら、戦争に深く関与していた人たちが戦後も国の権力の座に居つづけることはあり得なかったはずです。たとえば、岸信介は戦争中の東条内閣でも閣僚の一人で、当初は戦犯として追及されましたが、その後復活して、内閣総理大臣を務めました。ドイツでいえばナチスの閣僚だった人が戦後、首相や大統領になるようなもので、考えられません。戦争中の責任をあいまいにして政界復帰ができるようになったのには、天皇の責任をあいまいにしたことも影響していると思います。

戦前、治安維持法を適用して日本の市民や植民地の市民を弾圧していた人が戦後も裁判官になったということは第3章でお話ししましたが、他の役所も、警察も、経済界、大学なども、どこでも同じでした。

また、「朝日」、「読売」をはじめ新聞各紙も同様です。

これらの新聞は、戦争の途中からは大本営発表（軍の発表）をそのまま掲載し、とくに1931年の満州事変以降は、新聞の大半が中国侵略を煽ってきました。そのほうが売れるからということでもあり、また軍部に抵抗すると紙を減らされ、新聞発行ができなくなるという圧力もありました。

どんな事情があったにしても、侵略戦争を煽ったことは事実ですが、それらの新聞も、戦後自分たちの責任を徹底して反省することなく、そのまま残っています。

——それがみんな天皇の戦争責任をあいまいにしたことと関係があるの？

トップの戦争責任をあいまいに済ませたのなら、自分たちの戦争責任もあいまいにしていいと思うのではないでしょうか？

ただし、日本が過去の加害責任に向き合える機会がありました。

日本にも、加害責任を認めて被害者と向き合える機会があった

冷戦構造が崩壊して、封じ込められていた被害者の声が１９９０年代に表にでてくるようになったのです。戦後40年あまりたってから、なんの謝罪も補償もされていないアジア諸国の被害者から、日本の植民地支配と侵略戦争の責任を問う声があがるようになりました。そのはじめは、91年に金学順（キムハクスン）さんが元「従軍慰安婦（じゅうぐんいあんふ）」だったと名乗り出て証言をしたことでした。従軍慰安婦とは、戦地に設置された「慰安所」で日本兵の性的な相手をさせられた女性たちのことです。

１９９３年、宮沢喜一内閣の河野洋平内閣官房長官が、旧日本軍の元従軍慰安婦問題に関し、心からのお詫び（わび）と反省を表明した、いわゆる「河野談話」を発表します。読みやすいよう、大事なところを太字にして紹介しましょう。

「慰安婦関係調査結果発表に関する河野内閣官房長官談話」

いわゆる従軍慰安婦問題については、政府は、一昨年12月より、調査を進めて来たが、今般その結果がまとまったので発表することとした。

今次調査の結果、長期に、かつ広範な地域にわたって慰安所が設置され、数多くの慰安婦が存在したことが認められた。**慰安所は、当時の軍当局の要請により設営されたものであり、慰安所の設置、管理および慰安婦の移送に**

ついては、旧日本軍が直接あるいは間接にこれに関与した。慰安婦の募集については、軍の要請を受けた業者が主としてこれに当たったが、その場合も、甘言、強圧によるなど、本人たちの意思に反して集められた事例が数多くあり、さらに、官憲等が直接これに加担したこともあったことが明らかになった。また、慰安所における生活は、強制的な状況の下での痛ましいものであった。

なお、戦地に移送された慰安婦の出身地については、日本を別とすれば、朝鮮半島が大きな比重を占めていたが、当時の朝鮮半島は我が国の統治下にあり、その募集、移送、管理等も、甘言、強圧による等、総じて本人たちの意思に反して行われた。

いずれにしても、**本件は、当時の軍の関与の下に、多数の女性の名誉と尊厳を深く傷つけた問題である。政府は、この機会に、改めて、その出身地のいかんを問わず、いわゆる従軍慰安婦として数多の苦痛を経験され、心身にわたり癒しがたい傷を負われたすべての方々にたいし心からお詫びと反省の気持ちを申し上げる。**また、そのような気持ちを我が国としてどのように表すかということについては、有識者のご意見なども徴しつつ、今後とも真剣に検討すべきものと考える。

われわれはこのような歴史の真実を回避することなく、むしろこれを歴史の教訓として直視していきたい。われわれは、歴史研究、歴史教育を通じて、このような問題を永く記憶にとどめ、同じ過ちを決して繰り返さないという固い決意を改めて表明する。

なお、本問題については、本邦において訴訟が提起されており、また、国際的にも関心が寄せられており、政府としても、今後とも、民間の研究を含め、十分に関心を払って参りたい。

従軍慰安婦問題について、このときは調査したうえで事実を認め、加害責任に向き合う姿勢を表明しています。

――「慰安婦」という言葉はきいたことあったけど、政府がこんな発表してたのは知らなかった。

はい。今ではあまり顧みられることがなくなりました。

2年後の1995年、村山富市総理大臣がいわゆる「村山談話」を発表し、日本が行った植民地支配と侵略戦争について、痛切な反省と心からのお詫びを表明しました。

「戦後50周年の終戦記念日にあたって」

（略）

平和で豊かな日本となった今日、私たちはややもすればこの平和の尊さ、有難さを忘れがちになります。**私たちは過去のあやまちを2度と繰り返すことのないよう、戦争の悲惨さを若い世代に語り伝えていかなければなりません。**とくに近隣諸国の人々と手を携えて、アジア太平洋地域ひいては世界の平和を確かなものとしていくためには、なによりも、これらの諸国との間に深い理解と信頼にもとづいた関係を培(つちか)っていくことが不可欠と考えます。

（略）

わが国は、遠くない過去の一時期、国策を誤り、戦争への道を歩んで国民を存亡の危機に陥(おとしい)れ、植民地支配と侵略によって、多くの国々、とりわけアジア諸国の人々にたいして多大の損害と苦痛を与えました。私は、未来に誤ち無からしめんとするが故に、疑うべくもないこの歴史の事実を謙虚(けんきょ)に受け止め、ここにあらためて痛切な反省の意を表し、心からのお詫びの気持ち

を表明いたします。また、この歴史がもたらした内外すべての犠牲者に深い哀悼の念を捧げます。

敗戦の日から50周年を迎えた今日、わが国は、深い反省に立ち、独善的なナショナリズムを排し、責任ある国際社会の一員として国際協調を促進し、それを通じて、平和の理念と民主主義とを押し広めていかなければなりません。同時に、わが国は、唯一の被爆国としての体験を踏まえて、核兵器の究極の廃絶を目指し、核不拡散体制の強化など、国際的な軍縮を積極的に推進していくことが肝要であります。これこそ、過去にたいするつぐないとなり、犠牲となられた方々の御霊を鎮めるゆえんとなると、私は信じております。

「杖るは信に如くは莫し」と申します。この記念すべき時に当たり、信義を施政の根幹とすることを内外に表明し、私の誓いの言葉といたします。

(「杖るは信に如くは莫し」とは、頼りとするものとしては、信義に勝るものはない、という意味です。)

侵略戦争と植民地支配を明確にして反省を述べています。

このときは、日本が戦争の加害責任を認めて、周辺諸国との信頼関係を築いていけるかに思えました。

ところがその直後、１９９６年頃から、日本の侵略戦争の責任や植民地支配の責任を認めるのは、「自虐史観（じぎゃくしかん）」であるとして、これらの責任を否認するキャンペーンが一部の保守勢力やマスコミで行われるようになります。このような動きは、「歴史修正主義」とも呼ばれています。

その象徴的な動きが、１９９６年に結成された「新しい歴史教科書をつくる会」の運動や、１９９７年に結成された「日本の前途と歴史教育を考える議員の会」（自由民主党内で結成された議員連盟）の運動です。

それ以降は、政府も過去の歴史と向き合うことからどんどん離れていくような対応をとるようになり、今日にいたっています。

けれども、戦争で被害を与えた相手と本当の意味で友好関係を築くためには、自らの加害責任を認めて、謝罪、賠償することが欠かせません。そのようにしてこそ、国際関係のなかで、被害を受けた国からも認められます。それを実証しているのがドイツです。

次の節では、ドイツの例を見て、加害責任に向き合うとはどういうことなのかを考えましょう。

②ドイツはどんなことしてきたの？

――ドイツにはヒトラーがいたんだよね？

はい。ドイツは、ナチス・ヒトラーによる周辺国への侵略や、「ホロコースト」で、戦争中に多大な被害をもたらしました。なかでも、アウシュビッツなどの絶滅収容所ではユダヤ人を中心に600万人もが虐殺されました。同じ枢軸国として戦争に負けましたが、戦後の歩みは日本とは対照的でした。

敗戦国となったドイツは、連合国のアメリカ、イギリス、フランス、ソ連の4つの国による分断占領支配を受けます。東西対立が厳しさを増すなか、1949年、「ドイツ連邦共和国」（西ドイツ）と「ドイツ民主共和国」（東ドイツ）の2つに分かれて国が成立しました。以後、1990年のドイツ統一まで、41年にわたって国の分断がつづきました。

ヒトラー率いるナチスによる加害という過去を持つドイツは、戦後、徹底して過去と向き合ってきました。

日本の「東京裁判」と同じように、ドイツでは「ニュルンベルク裁判」で連合国がナチスの戦犯を裁きました。ドイツの場合はそれだけでなく、自分たちでもナチス戦犯を裁く裁判をしています。

１９６３年12月から行われた「アウシュビッツ裁判」では、収容所で働いていた看守や医師ら24人が起訴されました。この裁判をとおして、多くのドイツ国民が、平時はよき父、よき夫である市民が、ナチスの体制下では平然と残虐行為をやっていた事実を初めて知りました。

それ以降、検察庁に設置した「ナチス犯罪追及センター」で、これまでに10万７０００人の容疑者について捜査を行い、そのうち７１８９人が有罪判決を受けています。今ではその数はもっと増えているかもしれません。

しかもナチスの重大犯罪については時効を廃止していますので、何歳になっても摘発されて裁判にかけられます。２０１８年にも、アメリカに移住していた元ナチスの収容所看守の95歳の男性がドイツに送られた、と報道されていました。

――10万人も捜査したの？

はい。日本では侵略戦争や植民地支配での行動について個人の責任はあまり問われていませんが、ドイツではそれを徹底して行ったのです。収容所の看守や医師だった人が被告の場に立たされるということは、名前も明らかになりますから、たいへんなことです。

ドイツでも、戦後10年くらいまでは、なかなか過去と向き合う運動は起こらなかったといいます。財界や政界、裁判所も、中心メンバーの中にはナチスの協力者がいました。有名な作家のなかにも、じつはナチスに協力していたけれど、そのことを隠していた人がかなりいました。そういう自分たちの社会の中にいる人を自分たちで追及していくのは、相当な痛みを伴う運動だったと思います。

ドイツは自分たち自身で、社会の中にいるナチスの元協力者の罪を追及している

１９７０年、西ドイツのヴィリー・ブラント首相は、ポーランドのワルシャワを訪問して、「ワルシャワ・ゲットー」を訪れます。

そこは、戦争中にナチス・ドイツがポーランドを支配していた１９４０年に、壁で囲って何十万ものユダヤ人を狭い地域に閉じ込めて「ゲットー」（ユダヤ人隔離地域）にした

ところでした。

食料はわずかしか配給されず、飢えと伝染病で何万人もが命を落としました。1942年、ゲットーのユダヤ人が絶滅収容所に移送されはじめ、1943年4月19日、ゲットーの住民たちは、火炎瓶(かえんびん)や機関銃などでドイツ軍にたいして蜂起します。一時ドイツ軍を撃退したものの、5月に鎮圧されました。

それから27年後、ワルシャワを訪れた西ドイツのブラント首相は、ワルシャワ・ゲットー蜂起を記念する碑の前で、突然ひざまずいて黙とうを捧げました。その姿は全世界に報道され、のちにモニュメントが建てられています。

――それだけで、モニュメントまでできたの?

そのときひざまずいただけでは、そこまで人々の心を動かすことはなかったでしょう。

まず、ドイツが国としてナチスの犯罪者を追及する裁判をつづけているという事実が背景にあります。それに加えて、ヴィリー・ブラントは、戦前から反ナチス運動をし、戦後は対立する東側諸国と対話する政策を進めてきた人です。そういう人の行動だったからこそ、ドイツの過去の加害にたいする姿勢を象徴的に表す出来事として、世界から評価され

ワルシャワ・ゲットー記念碑の前でひざまずいて黙とうする西ドイツのブラント首相
（Ullstein bild/ アフロ）

たのです。単にひざまずいて黙とうしたのではなく、国としても、個人としても自分の国での行動によって、真意が裏付けられていたのです。

1985年5月8日のドイツ連邦議会で行われた、西ドイツ大統領ヴァイツゼッカーの「ドイツ終戦40周年記念演説」があります。そのなかでよく引用される一節があります。

> 問題は過去を克服することではありません。さようなことができるわけはありません。後になって過去を変えたり起こらなかったことにするわけにはまいりません。しかし過去に目を閉ざす者は、結局のところ現在にも盲目となります。非人間的な行為を心に刻もうとしない者は、またそうした危険に陥りやすいのです。
>
> 『荒れ野の40年　ヴァイツゼッカー大統領ドイツ終戦40周年記念演説』
> （永井清彦訳　岩波ブックレット）

この言葉のように過去と向き合う、反省するということを徹底的にやってきたのが、戦後のドイツです。

――ドイツって、まじめというか、シンプルというか……国なのにそんなことができるんだね。

そうですね。しかもドイツは徹底しています。ドイツの裁判所の前には、ナチス時代の司法が誤りを犯したことを忘れないように、必ず記念碑が建てられています。『市民としての裁判官――記録映画「日独裁判官物語」を読む』（木佐茂男監修、高見澤昭治著　日本評論社）では、ドイツの司法について次のように紹介しています。

ドイツの司法の宮殿と呼ばれるミュンヘンの司法省の玄関に、ナチスに抵抗して犠牲になった白バラ兄妹を悼むプレートが掲げられている。また年間２０００人の裁判官が研修に訪れるトリーアの裁判官アカデミーの中庭には、頭蓋骨を模した鉄製の像が置かれ、その真下には、「ドイツ民族の名において、１９３３年から１９４５年にかけて、ナチス司法によって不当な被害を受けた人々を追悼する」という碑文が埋め込まれている。

小さな片田舎の裁判所にも、一見不釣り合いと思われるほど大きな追悼碑が置かれているのを見ると、司法が犯した犯罪にたいする痛恨の気持ちと、それを忘れまいとする意思のかたさが理解できる。

「白バラ」とは第二次大戦中のドイツにおいて行われた非暴力の反ナチス運動です。戦後は国際的に知られるようになり、「白バラ抵抗運動」と呼ばれています。

ミュンヘン大学の学生であったメンバーが1942年から43年にかけて、反ナチスのビラを配布します。その後グループはゲシュタポによって逮捕され、5人が処刑されました。このうちの2人がハンス・ショルとゾフィー・ショルの兄妹でした。

――ナチス時代に、裁判所がそういう人たちに死刑の判決を出してたから、それを忘れないようにしてるんだね。

そのとおりです。ナチス政権下では裁判所も独裁を支える一機関となっていました。そのことを自分たちの犯罪だと考えているのです。

また、子どもたちの歴史教育も徹底して行っています。

ドイツの教科書には、ドイツ人が加害者だった事実も強調されている

アウシュビッツの収容所などを遺して博物館にして、広く公開しているほか、ドイツの学生たちが学ぶ場ともなっています。

教科書では、ナチスが権力を掌握した過程や原因、戦争の歴史が詳しく取り上げられていて、ドイツ人が加害者だったという事実も強調されています。周辺国との間で歴史教科書の内容を吟味する作業をつづけていて、2006年にはドイツとフランスの歴史学者が共同で歴史教科書を執筆、発行しています。これは日本語にも翻訳されています（『世界の教科書シリーズ　ドイツ・フランス共通歴史教科書【現代史】』ペーター・ガイス、ギヨーム・ル・カントレック著　明石書店）。

このあたりも日本の歴史教科書で、従軍慰安婦問題や南京の虐殺の問題についてだんだん記述がなくなってきているのとはちがいます。

また、ナチスの時代の新聞は全部が廃刊になっています。

――全部？

はい。これも日本とは対照的です。

戦後60年の2005年、ベルリンのもっとも目立つ場所に、「虐殺されたヨーロッパの

ユダヤ人のための記念碑」が建設されました。1988年に計画がでたときには、ドイツ国内でも犠牲者の600万人という数字は、イスラエルが発表した数字であり、多すぎるのではないか、ユダヤ人以外の犠牲者を慰霊の対象としなくていいのか、などの論争があったそうです。1999年に連邦議会で記念碑建設を可決し、建設されました（ユダヤ人以外の犠牲者については、別に記念碑が建設されました）。

これは日本で考えれば、国会の前に、従軍慰安婦にされた女性たちを象徴する「少女像」を建てるようなものです。日本政府は、韓国ソウルの日本大使館前に設置された「少女像」を撤去するよう求めていますが、ドイツでは逆に、過去の加害の事実を忘れないことを大事にしているのです。

――そこまでやる必要あるの？

加害の歴史を目に見える形で残しておくのは、同じことを繰り返さないために必要なこと、という認識があります。ヴァイツゼッカーの言葉にもありましたが、過去を覚えておかなければ、人間は忘れやすいから、また同じことをしようとする。だから、同じことを二度とやらないために、自分たちの意思で、こういうことを徹底してやりつづけているのです。自分たちで同じ社会にいる人を裁いたり、目を背けたいことに注目しつづけるのはたいへん勇気のいる行動です。

市民による活動もあります。ひとつは1995年から一人の芸術家が始めた「つまずきの石」です。ナチスによって殺された人々が忘れられることのないように、亡くなったユダヤ人が住んでいた家の前の歩道に、名前などを刻んだ金属のプレートが埋め込まれています。この活動はドイツ各地に広がっています。

――どうしてそこまで徹底してるの?

ドイツ社会が戦後徹底して過去の加害責任に向き合ってきたのには、あれほどの戦争犯罪を引き起こしたあとに周辺諸国とうまくやっていくためには、どうしても、きちんと謝罪と反省をしなければ、信頼してもらえなかったという外的な要因もあります。

ただし、ホロコーストに代表されるあのような非人間的な行為にたいして厳しい態度をとるということは、仮に周辺諸国と和解せざるを得ない環境があったとしても、それをやる国内での変化をもたらします。人権を大切にする思想が広がり、今日でも難民の受け入れについて、他のヨーロッパの国々と比べて、柔軟(じゅうなん)な対応を示しているのは、ナチスの戦争犯罪について過去と向き合ってきたことが、かなり影響しているのではないかと思います。

また、外的な要因とともに、内的な要因としては民主主義の素地があったことも大きいと思います。

当時世界でもっとも民主的で進歩的と言われたワイマール憲法（1919年制定）のもとで、ナチスが登場し、ヒトラーの独裁にいたったのはたしかですが、ワイマール憲法をつくったということは、相当に民主的な社会だったということでもあります。社会民主主義勢力や共産主義勢力が政党としてもかなり有力で、ワイマール憲法下で大きな議席を持ち、ナチスと張り合うくらいの力を持っていました。そして、ナチスの時代でもレジスタンス運動がありました。

『ヒトラーを欺いた黄色い星』という映画がドイツで2017年につくられました。ヒトラーの独裁政権が確立したベルリンに7000人ものユダヤ人がひそんでいて、1500人が終戦まで生き延びたという歴史的事実を描いています。彼らが潜伏できたのは、ドイツ人の一般市民のなかに協力してくれる人たちがいたからです。

――それ、命がけじゃないの？

ナチス政権のもとでも、命がけでユダヤ人をかくまったドイツ市民たちがいた

そうです。積極的にレジスタンスをやるところまでいかなくても、ナチスに非協力的で、ユダヤ人がいたらユダヤ人とわかりながら、たいへんな危険を冒してもかくまうようなドイツ人が一定数いたということです。みんながユダヤ人を迫害したかというと、そうではなく、ひとりひとりの行為が問われているのです。

かれらの存在が戦後の新しいドイツ社会を民主化し、人権を尊重させる社会をつくるうえで大きな役割をはたしたと思います。それにたいして日本は、戦争中にレジスタンス運動をやる勢力はありましたが、非常に狭い範囲にとどまっていたことも、戦後のあり方に関係していると思います。

徹底して個人の戦争責任を追及してきたドイツの行いを見てきましたが、どう思いましたか？

――けっこうキツそう。

そうですね。それらの行為はたいへんな痛みをともなうものです。過去の加害をつぐなうには、それだけのことが必要なのです。ドイツは加害責任に徹底して向き合ったからこ

そ、かつて被害を受けた周辺国からも信用されるような社会になって、今ではＥＵの中心メンバーとなっています。

日本では韓国や中国の人に強制労働をさせていたことについて補償問題が解決しておらず、２０１８年に韓国の裁判所で日本企業への賠償命令が出て、外交問題に発展しかねない状況です。ナチスドイツでも同じような強制労働が行われていましたが、ドイツでは国と企業がお金を出して「記憶・責任・未来」という基金を設立して、被害者の救済にあたってきたので、そういう問題が起こることはありません。

次の章では、民主主義の視点から天皇制を考えていきましょう。

第5章

民主主義から天皇制を考えるの?

――どうして民主主義の視点から天皇制を考えるの？

天皇制を考える視点はいろいろあると思います。現に明治の天皇制にもどしたいという人たちもいて、そのためにそういう人たちが行動してきたことは第3章でお話ししました。民主主義とは、個人個人の人権を守って国を運営する方法です。人権を守ることはもっとも大事にすべきことです。だから、天皇制を考えるときにも民主主義の視点、人権の視点はよい物差しになります。まずは、憲法を足掛かりにしてみましょう。

日本国憲法では「基本的人権の尊重」、「法の下の平等」を保障しています。

国民は、すべて基本的人権の享有(きょうゆう)を妨げられない。この憲法が国民に保障する基本的人権は、侵(おか)すことのできない永久の権利として、現在および将来の国民に与えられる。(第11条)

すべて国民は、法の下に平等であって、人種、信条、性別、社会的身分または門地により、政治的、経済的または社会的関係において、差別されない。

（第14条1項）

この2つの民主主義国家の基本的な原理に照らして、天皇制を考えてみましょう。天皇制は天皇を含む皇室と、それ以外の国民とを区別する制度です。生まれながらに決まる身分があることと同じで、憲法で定めた法の下の平等と矛盾する「差別」という問題を含んでいます。

——そう言われれば、そうだけど……。

また、天皇（皇族）の人権が尊重されていないという問題もあります。現状では、天皇個人、皇族個人の選挙権はありませんし、集会、結社、表現の自由、居住、移転、職業選択の自由……などの人権も侵害されています。

憲法では次のようにこれらの権利を保障しています。

公務員の選挙については、成年者による普通選挙を保障する。（第15条3項）

集会、結社および言論、出版その他一切の表現の自由は、これを保障する。

天皇制があることは、生まれながらに決まる「身分」があるということ

（第21条1項）

何人も、公共の福祉に反しない限り、居住、移転および職業選択の自由を有する。（第22条1項）

何人も、外国に移住し、または国籍を離脱する自由を侵されない。（第22条2項）

皇室にこれらの権利や自由がないのは、憲法で定めていること、憲法の理念と矛盾しています。

——天皇や皇室には基本的人権が保障されてないんだね。

そうです。結婚に関しても、女性皇族は結婚すれば皇族を離脱することになっていて、結婚について皇室会議の同意は必要ありませんが、男性の場合は、次のように皇室会議の承認が必要だとしています。

立后および皇族男子の婚姻は、皇室会議の議を経ることを要する。（皇室

典範第10条）

でも、憲法には次の条文があります。

婚姻は、両性の合意のみにもとづいて成立し、夫婦が同等の権利を有することを基本として、相互の協力により、維持されなければならない。（第24条1項）

憲法で保障されている婚姻の自由が、皇室典範という法律によって制限されています。また、皇室典範の規定によって、女性の場合は結婚して皇族を離脱すれば、憲法で保障された権利と自由を得ることができますが、男性の場合は自分の意思では皇族から離脱する機会はないことも意味しています。

いずれにしても、女性と男性とでことなる決まりになっていることは、性別による差別も禁じている憲法第14条1項と矛盾しています。

――いろいろ憲法と矛盾してるんだね。

はい。また、皇室典範は第1条で、「皇位は、皇統に属する男系の男子が、これを継承する」としています。第2条で順序を規定していますが、皇位継承の辞退については書かれておらず、「天皇になりたくない」と辞退することもできないことになっています。皇位継承の辞退の自由がないということです。

近年、男女同権意識の広がりから、王制のある国々では王位を女性にも認める動きがつづきました。スウェーデンでは1979年に、オランダは1983年、ノルウェーは1990年、ベルギーは1991年とつづき、2017年の時点で、ヨーロッパでスペインが男子優先、リヒテンシュタインが男子のみ、ということです。タイでも女性の王位継承を認めました。今や男性だけが継承する国は少なく、基本的人権や世界の流れからも、皇室典範は遅れた内容になっています。

憲法には女性天皇を禁止するような規定はありません。皇室典範を変えれば女性の皇位継承は可能になります。

――女性差別が残ってるのはカッコ悪いね。

はい。女性天皇も男女平等の観点から認められるべきではないでしょうか。それだけでなく、天皇、皇族にも職業選択、移動の自由、皇室からの離脱の自由などの人権を保障するほうがいいのではないでしょうか？　婚姻の自由の制限も見直すべきでしょう。また、皇位を断る権利、極端に言えば、自分は天皇になりたくないと言えば、強制的にならされるのではなくて、辞退の自由も認めるべきだと思います。

これらは、皇室典範を変えればできることです。法律の改正ですから、国民が選んだ代表によって、国会で決めることができます。

今回の生前退位については皇室典範に規定されていなかったので、特例法をつくって退位することになりましたが、今の憲法の基本的な原理に合わせて、皇室典範そのものの改正を考える必要があるでしょう。できるだけ基本的人権を尊重するという観点から天皇制のあり方をもっと民主化して改良できるのではないかと思います。

――でも考えてみたら、天皇や皇族はたくさんお金ももらってるし、超特別なセレブなんだから、少しくらい不自由は仕方ないいんじゃない？

そう思う気持ちもわかります。芸能人など有名な人も気軽に出かけられなかったりしますから。でもそれと違うのは、生まれながらにして決められていることです。

それに、より重要なのは、ある人々を特別扱いしていい、と考えることは、ある人々を逆の意味で特別扱い（＝差別）する発想とつながっていることです。どちらも、人間はみんな生まれながらに平等で、みんなが基本的人権をもっているという考えとは異なり、例外を認めていて、根底では共通する考え方だからです。

たとえば、日本では多くの障がい者などにたいして、本人の意思を確かめずに強制的に不妊手術が行われてきましたが、これは、その人たちが一人の人間として家庭をもって子どもを産んで育てる、そういう価値、資格がない、と決めてしまう考え方が起こした人権侵害です。２０１６年に、知的障がい者施設で障がい者19人を殺した男性と同じ考え方です。

一部の「特別」を認めると、かならずいろいろな分野で「特別」が生まれ、差別、人権侵害が起こる要因になるのです。部落差別や朝鮮人差別も同じです。特別扱いされる人がいるのが当たり前、という考え方はひじょうに危ない考え方なのです。

ある人々を特別扱いすることは、ある人々を差別することにつながっている

――天皇制があることで、そういう差別があるの？

いいえ、そこまで単純なことではありません。けれども、天皇制も国のあり方の一部であり、国全体に影響することですから、国民主権の国として、法の下の平等、基本的人権を保障している憲法の理念に照らして天皇制についても考えることが必要だと思います。

そういう意味で、憲法第7条に天皇の「国事行為」のひとつとして書かれている「栄典を授与すること」についても考える必要があると思います。

「栄典」には「勲章」と「褒章」があり、春と秋に皇居内で、天皇が受章者に勲章を授与する「勲章授与式」が行われています。誰に授与するかは、大臣などから内閣総理大臣に推薦され、内閣府賞勲局の審査ののち閣議決定で決められています。

生存者にたいする叙勲（勲章を授与すること）は、戦後一時停止されていましたが、勲章は1964年（昭和39年）に、褒章は1978年（昭和53年）に再開され、現在は、年2回、春は4月29日、秋は11月3日に行われています。

内閣府は「栄典は、国家または公共にたいし功労のある方、社会の各分野における優れた行いのある方などを表彰するもの」としていますが、人間に序列をつくることになりますから、私は問題があると思います。戦後の日本国憲法のもとでは、国民は平等のはずです。

江戸時代までは「征夷大将軍」など、武士が天皇から「位」を授けられてきましたが、栄典制度は、そういうものの名残だと思います。2003年に制度が改正されて、以前あった「一等」「二等」などの数字の代わりに固有の名称がつけられましたが、「功労の大きさに応じた区分」（閣議決定）であることは変わっていません。

――がんばった人を表彰するのはいいんじゃないの？

叙勲とは、君主から功績のあった臣下に授けるものです。そういう制度を残したほうがいいのか、議論があってもいいのではないでしょうか。

次に、憲法で天皇がどう規定されているかをみてみましょう。「大日本帝国憲法」、「日本国憲法」、自由民主党による「日本国憲法改正草案」、「スウェーデン憲法」を比較します。それぞれの憲法の構成は１８０〜１８１ページを見てください。

まずは大日本帝国憲法（明治憲法）から。

大日本帝国憲法

大日本帝国憲法は明治時代につくられた憲法で、１８９０〜１９４７年の57年間、日本の憲法でした。第１章（第１〜17条）が「天皇」です。

大日本帝国は万世一系の天皇が統治する。（第1条）
皇位は皇男子孫がこれを継承する。（第2条）
天皇は神聖にして侵すべからず。（第3条）

第4条以下には、次のような天皇の権限が列挙されています。統治権、立法権のほか、法律の公布・執行、議会の召集、法律に代わる勅令の発令、行政官の任免、陸海軍の統帥、宣戦布告・講和条約の締結、戒厳令の宣告、栄典の授与など、多岐にわたります。

大日本帝国憲法は、内容を議会で検討して決めたものではありません。「こういう憲法をつくりました」ということで、天皇が公布した「欽定（きんてい）憲法」です。

――とにかく天皇がたくさん権利を持つ、という憲法だったね。

はい、そうでした。次に日本国憲法（昭和憲法）をみてみましょう。1947年から現在（2018年）まで、すくなくとも72年間、日本の憲法です。第1章（第1～8条）が「天皇」です。あとで比較するため、前文の前半部分も掲載しておきます。

日本国憲法　前文

日本国民は、正当に選挙された国会における代表者を通じて行動し、われらとわれらの子孫のために、諸国民との協和による成果と、わが国全土にわたって自由のもたらす恵沢（けいたく）を確保し、政府の行為によって再び戦争の惨禍が起ることのないようにすることを決意し、ここに主権が国民に存することを宣言し、この憲法を確定する。

そもそも国政は、国民の厳粛（げんしゅく）な信託によるものであって、その権威は国民に由来し、その権力は国民の代表者がこれを行使し、その福利は国民がこれを享受する。これは人類普遍の原理であり、この憲法は、かかる原理にもとづくものである。われらは、これに反する一切の憲法、法令および詔勅を排除する。

（以下略）

第1章「天皇」には次のようなことが書かれています。

天皇は、日本国と日本国民統合の象徴で、この地位は主権の存する日本国民の総意にもとづく。（第1条）

皇位は世襲で、皇室典範の定めるとおりに継承する。（第2条）

天皇の国事に関するすべての行為には、内閣の助言と承認が必要で、責任は内閣が負う。（第3条）

天皇は国の政治に関することはできない。（第4条1項）

一般的には日本国憲法によって日本は天皇主権の国から国民主権に変わったと言われています。第1条でも、天皇の地位は日本国民の総意にもとづく、としています。けれども、そうであれば、第1章は「国民主権」、次に「国民の権利」などがくるべきなのに、どうして第1章が天皇についてなのか、違和感があります。

憲法学者によると、明治憲法を改正するかたちで日本国憲法がつくられたから、ということも一因です。明治憲法では第1章が天皇でしたから。けれども、本当に国民主権の国ならば、そういう重要な原理について、憲法作成に際して、もっとしっかりしておいたほうがよかったと思います。

――明治憲法の改正？

はい。日本国憲法の前文の前に「私は、日本国民の総意にもとづいて、新日本建設の礎（いしずえ）が、定まるにいたったことを、深くよろこび、枢密（すうみつ）顧問の諮詢（しじゅん）および帝国憲法第73条による帝国議会の議決を経た帝国憲法の改正を裁可し、ここにこれを公布する」という文章がついています。日本国憲法を新しく定めたというかたちではなくて、大日本帝国憲法を改正したというかたちをとっているのです。帝国憲法第73条というのは、明治憲法のなかで憲法改正の手続きを定めた条文です。

日本国憲法は、中身自体は国会で審議されて、採択されています。それを明治憲法を改正したものとして、形式的な公布を天皇が行ったということです。

では、つぎに2012年に自民党が発表した憲法改正草案もみてみましょう。これは、今の憲法をこのように変えたい、と自由民主党が公表しているものです。

これも、第1章が「天皇」です。前文も挙げておきます。

自由民主党による日本国憲法改正草案

前文

日本国は、長い歴史と固有の文化を持ち、国民統合の象徴である天皇を戴（いただ）く国家であって、国民主権の下、立法、行政および司法の三権分立にもとづいて統治される。

我が国は、先の大戦による荒廃や幾多の大災害を乗り越えて発展し、今や国際社会において重要な地位を占めており、平和主義の下、諸外国との友好関係を増進し、世界の平和と繁栄に貢献する。

日本国民は、国と郷土を誇りと気概を持って自ら守り、基本的人権を尊重するとともに、和を尊び、家族や社会全体が互いに助け合って国家を形成する。

我々は、自由と規律を重んじ、美しい国土と自然環境を守りつつ、教育や科学技術を振興し、活力ある経済活動を通じて国を成長させる。

日本国民は、良き伝統と我々の国家を末永く子孫に継承するため、ここに、この憲法を制定する。

――ちょっと自画自賛？

日本国憲法（昭和憲法）

第1章	天皇
第2章	戦争の放棄
第3章	国民の権利および義務
第4章	国会
第5章	内閣
第6章	司法
第7章	財政
第8章	地方自治
第9章	改正
第10章	最高法規
第11章	補則

大日本帝国憲法（明治憲法）

第1章	天皇
第2章	臣民権利義務
第3章	帝国議会
第4章	国務大臣および枢密顧問
第5章	司法
第6章	会計
第7章	補則

スウェーデンの統治法典		自民党改憲草案	
第1章	憲法の基本原則	第1章	天皇
第2章	基本的自由および権利	第2章	安全保障
第3章	国会	第3章	国民の権利および義務
第4章	国会の業務	第4章	国会
第5章	元首	第5章	内閣
第6章	政府	第6章	司法
第7章	政府の事務	第7章	財政
第8章	法律その他の規則	第8章	地方自治
第9章	財政権	第9章	緊急事態
第10章	外交	第10章	改正
第11章	司法および一般行政	第11章	最高法規
第12章	統制権		
第13章	戦争および戦争の危機		

そうですね。えらそうな雰囲気ですね。

第1章の「天皇」では次のようなことが書かれています。

> 天皇は、日本国の元首であり、日本国と日本国民統合の象徴であり、その地位は、主権の存する国民の総意にもとづく。（第1条）
>
> 皇位は世襲で、皇室典範の定めるとおりに継承する。（第2条）
>
> 国旗は日章旗とし、国歌は君が代とする。（第3条1項）
>
> 日本国民は、国旗および国歌を尊重しなければならない。（第3条）
>
> 元号は法律の定めにより、皇位の継承があったときに制定する。（第4条）
>
> 天皇は憲法に定める国事行為を行い、政治に関することはできない。（第5条）

第6条以下は、天皇が行うこと、国事行為などが列挙されています。

日本国憲法と比べてみましょう。

まず、前文をまったく変えています。現行憲法は「日本国民は」から始まっていて、国民が主人公ですが、自民党草案では「日本国は」から始まっていて、国が主語になっています。また、「天皇を戴く国家」という言葉を入れています。現行憲法の前文には、天皇はまったく出てきません。

また、第1条で、「天皇は日本国の元首である」と位置づけています。

第3条では、現在は法律で定めている「国旗・国歌」について憲法に明記し、さらに国民が国旗・国歌を尊重しなければならないとも規定してます。

現在の国旗国歌法をつくったとき、当時の野中広務(ひろむ)官房長官は、「必ずしも強制するものではない」と説明をしましたが、そのあと、日の丸・君が代問題への対応をめぐって、教員がかなり処分されていることはお話ししたとおりです。憲法でこういう決め方をしたら、もっと厳しい締め付けが行われる可能性があります。

また、第4条では、やはり現在は法律で決めている元号についても規定していて、全体として、天皇制を非常に強調しています。

――明治憲法みたいな天皇の位置づけになってるの?

いいえ、そうではありません。「国政に関する権能を有しない」として、立憲君主制の立場をとっています。けれども、「天皇を戴く国家」と強調することによって、戦前、軍部が天皇を利用したように、天皇の政治利用がしやすくなっていると思います。建前は国民主権でも、天皇の地位を強調すればするほど、相対的に国民主権が後ろに退くような感じがします。

また、現在、法的位置づけのない天皇の公的行為について、第6条5項で、「国または地方自治体その他の公共団体が主催する式典への出席その他の公的な行為を行う」と規定しています。

最後に、民主主義先進国で、かつ王制があるスウェーデンの憲法を一部紹介します。スウェーデンの憲法は、「統治法典」と「王位継承法」と「出版の自由に関する基本法」と「表現の自由に関する基本法」という4つから成り立っています。そのなかで中心的な統治法典について紹介しましょう。

第1章（第1～5条）は「憲法の基本原則」です。

「スウェーデンにおけるすべての公権力は、国民に由来する」というのが第1条です。第2条以下では、公権力は個人の自由と尊厳を尊重することや、4つの憲法の位置づけ、

天皇の地位を強調すればするほど
国民主権が後ろに退く

国会が国民の最高の代表機関であること、そして最後に国王または女王が国の元首であることが書かれています。

そして、統治法典の第5章に「元首」の規定があります。そのなかで王室が断絶した場合についても規定しています。

――**スウェーデン憲法って、日本とはだいぶちがうんだね。**

はい。この憲法は1974年に改正されたものです。1809年の憲法で国王に保障されていた大権はすべて失われ、政府が王国を統治し、政府が国会に責任を負うことが明確に定められました。新たな憲法では、国王には儀礼的、国家代表的な機能の行使のみが保障されていて、王位継承に男女差をつけない絶対的長子相続制を導入した草分けでもあります。

4つの憲法を比較すると、天皇制、王制にたいする姿勢の違いがよくわかります。

大日本帝国憲法も、日本国憲法も、自民党改憲草案も、第1章は「天皇」となっていますが、スウェーデンの統治法典の第1章「憲法の基本原則」の第1条は「国民主権」となっています。スウェーデンの国王については、第1章の第5条に規定があり、また、第5

章に「元首」の規定があります。

国民主権の民主主義国家においては、第1章第1条で「国民主権」について定めているのは当然のことと思います。日本は国民主権の民主主義国家とされているにもかかわらず、「天皇」が第1章にくるのはおかしいのではないかと思います。

自民党の改憲草案を紹介しましたが、民主主義的な視点から、天皇についての章を改正することも考えられるのではないでしょうか。

――スウェーデンの憲法にみたいにするってこと？

スウェーデンの憲法は参考にできると思います。ちなみに、スウェーデンでこのような憲法がつくられたのには、国民と国王との関係も影響していたようです。

北欧の国々では、第二次世界大戦の際にドイツに占領されるなどしたとき、本当に国民とともに闘ったかどうかということも、のちの王室への評価に大きな影響を与えたと、『立憲君主制の現在――日本人は「象徴天皇」を維持できるか』（新潮選書）で、君塚直隆さんが書いています。

デンマークはドイツ軍に占領されたとき、国王も抵抗を呼びかけ、老国王がデンマーク国民にとってナチスへの抵抗の象徴となりました。

ノルウェーの場合も、1940年にドイツ軍がノルウェーの首都、オスロや西海岸6カ所を同時に急襲したとき、国王がいち早く抵抗を試み、ロンドンに亡命したあとも、イギリスのBBC放送を通じて、ノルウェー国民に希望を捨てないように訴えつづけ、そういう活動は国民からとても評価されました。ナチスに勝利したのち、王は帰国します。

一方、スウェーデンは第一次大戦、第二次大戦にも参加せず、中立を守りましたが、国王と国民の一体感を生み出さない結果となりました。スウェーデン王グスタフ5世は、ノルウェーやデンマークからのレジスタンス活動家やユダヤ人の亡命は受け入れたものの、両国にたいして軍事的、経済的支援は一切行わなかったので、ノルウェー国王は、グスタフ5世が亡くなるまで、スウェーデンの地は決して踏まないと公言していたと言います。

グスタフ5世は保守的な人で、その王にたいする不満の中で、戦争中に社会民主党が政権をとりました。そして、次の国王が亡くなったらそれを機会に君主制を廃止してはどうかという議論までなされるようになりました。そして1973年にグスタフ6世が亡くなった直後の1974年に成立したのが、現在の憲法です。


――国王の行動によって、国民が国王を支持したりしなかったりする関係なんだね。

はい。新しい憲法のもと、スウェーデンでは国民にたいして「王制を支持するかどうか」というアンケートをとっていて、だんだん王制は廃止したほうがいい、という意見が増えてきているそうです。

アンケートについて、２０１０年、日本の共同通信は次のように報告しています（要旨）。

北欧の人は自分の人生を自由に生きるのが当たり前で、より開かれた王室を望んでいる。しかし、それは、王室の権威や威厳が減って、存在意義自体が問われてしまう危険も含んでいる。（略）

開かれた王室として、王室メンバーに自由な行動が許されるということは、スピード違反でつかまったり、一般の人と同じ尺度で行動などが判断されてしまうことでもある。

人はすべて平等でなければならない、などの民主主義の考えをつきつめると、当然王制の存在は常に問われつづけるだろう。若い人に否定的な意見が多いから、この先はもっときびしくなる。

イエテボリ大学が昨年末に実施した世論調査によると、王制存続派は６年前の68％から56％に減少する一方、廃止派は16％から22％に増加した。背景には世襲は非現代的だという意見が強い。王制を廃止して共和制への移行を目指す団体の幹部は、今後も存続派は減少し、10年以内に王制が廃止される可能性があると指摘する。

スウェーデンでは政権を担う政党が党の綱領で王制の廃止を謳っている

政権与党である社会民主労働党は長く政権を担ってきた政党ですが、党の綱領(こうりょう)で王制の廃止を謳っています。スウェーデンではそういう政党が、政治権力をとれるような民主主義が徹底した社会だということです。

スウェーデンでは、自己決定、民主主義、社会的連帯をたいへん尊重します。民主主義は人権を大事にするし、自己決定を尊重するからです。子どもの教育も徹底して民主主義的で、子どもを親の言うとおりにさせるとか、学校が上から考え方を押しつけることはありません。子どもたち自身が自分の進路、生き方を考えます。そういうことを徹底していると「みんなおなじ人間なんだ」ということにいきつきます。すると、当然、どうして王室だけ世襲なの？　という疑問もわいてくるのです。

民主主義はスウェーデンの伝統のひとつで、バイキングの時代は自分たちの王を自分たちの話し合いで決めていたのだそうです。

海を挟んで向かい側のデンマークも、おなじように民主主義が徹底した国です。デンマークは早くから王国ですが、もともと国王は選挙で選ばれていたということです。

――選挙で選ばれたら王じゃないみたい。

選ばれた人を自分たちの王として認める。だからますます信頼が得られるという面もあります。ただ王家の血筋だからというだけで王様になるのは不当だ、という考え方です。そういう民主主義の伝統のある国で王制があることについては、国民主権を前提にして、法律などを権威づける存在として、国民が王制を置いておこうとしているという意味では、民主主義的な措置だと言えるのかもしれません。

逆に、権威として王制は必要ない、国会が決めたことは国会の名前で公布すればいい、ということもあり得ます。そういう選択を国民がするかどうかです。

だから日本でも、変えようと思えば変えられます。天皇の国事行為は、他の人がやるようにすればいい。天皇制はやめたほうがいいということであれば、それも憲法を改正すればできます。

多くの憲法学者は日本国憲法の基本的な原理は、「基本的人権の尊重」「国民主権」「恒

みんなが同じ人間という考えからは、
どうして王室だけ世襲なの？　という疑問がでてくる

久平和主義」だと考えています。これらの原理を変えるとなると、それは革命とかクーデターになりますから、憲法改正ではできません。

天皇制を今の憲法の基本的原理と考える憲法学者はあまりいません。ですから憲法改正で天皇制を変えることはできます。

──天皇制が憲法の基本的原理に入らない理由は何？

憲法のそもそもの理念は「国民の自由や人権を守るために、国家権力の暴走を抑えるために憲法がある」というものです。立憲主義の理念です。憲法はもともと王制であろうとなかろうと、権力を縛るものなのです。

「フランス人権宣言」の第16条では、「権利の保障が確保されず、権力の分立が定められていないすべての社会は、憲法を持たない」と書かれています。

三権が分立していないと、独裁政権になります。独裁政権はもっとも人権が侵害される危険性が大きいので、立法、司法、行政という権力がひとつに集中するような社会は、憲法がないのと同じという考え方です。人類の歴史をみれば、国民の人権をもっとも侵害してきたのは、国の権力、国の権力者たちです。だからそこに歯止めをかけるのが憲法だ、というのが立憲主義の考え方です。それがもっとも大切な根幹で、王制はそこには入っていないのです。

――憲法は人権を保障するためのものなんだね。

はい。日本では、国民主権のもと、基本的人権が保障された民主主義社会における天皇制はどうあるべきか、とか、皇室典範はどうあるべきかという議論があまりに行われていません。そこが問題ではないかと思います。

そういうことを議論することは、国民主権とか基本的人権、民主主義をもっと考える契機になります。天皇制は当然だと考えること自体が思考停止に陥らせるのです。

「考えない」「考えるのをやめる」というのは、民主主義を手放すのと同じです。主権者として、民主主義社会の主人公として、もっとよい天皇制、もっとよい国のあり方を、法律や憲法の改正という、現実の問題として考えていけるといいと思います。

第6章

私が民主主義社会の主人公？

① どうやったらなれる？

――民主主義社会の主人公ってどういうこと？

たとえば、「フランス人権宣言」はフランスの市民が立ち上がって、多くの犠牲を払って獲得したものです。韓国では１９８７年に「民主化宣言」が出されますが、それは市民の力で軍事政権を倒した結果でした。そのために多くの人が犠牲になりました。

日本には民主主義、自由や人権を市民が運動のなかで勝ち取ってきた経験がありません。国民主権、人権尊重を謳（うた）った現在の憲法は敗戦の結果できた憲法で、市民が自分たちの力で闘い取ったわけではありません。

国民主権、民主主義社会は、市民、国民が主人公ということです。でも、日本では自分たちの手で獲得していないので、自分たちが社会の主人公という意識が薄く、そこに日本の市民社会の弱さがあると思います。

たとえば、政治は、市民から税金を集めて、教育や子育て、医療、年金、介護など私たちのくらしにかかわることや、治安・外交・安全保障政策など、どういうことにどのくらい税金を使うかということを決めている、国民生活に密着したものです。

それなのに、政治に無関心という人が多くて、国政選挙（衆議院、参議院議員選挙）の投票率は低く、２０１７年の衆議院議員選挙では53・7％、２０１６年の参議院議員選挙では54・7％でした。有権者の2人に1人近くが投票していません。地方自治体の長を選ぶ選挙や地方議会選挙の投票率は、30％前後です。3人に2人が投票していません。自分たちは関係ないと思っているようです。

また、憲法では「公務員は全体の奉仕者であって、一部の奉仕者ではない」と定めています（憲法第15条2項）が、森友学園問題、加計学園問題、自衛隊のイラクや南スーダン派遣部隊日報問題など、市民の代表で構成される国会でウソを言わないとか、文書はちゃんと管理するとか、そういう基本的なことが守られていないことについても、市民の反応は、「自分たちの税金で維持してる機構なのに、とんでもない」ということにはなりません。これも政治にたいする無関心の現れだと思います。

政治にたいする「あきらめ」と言われることもありますが、自分たちが本当に政治を動かしたことがない、主人公意識がないことが問題で、あきらめ以前の問題だと思います。

——じゃあ、これからってことだね。

そうです。日本の政治制度は憲法にもとづいています。先ほどみたように、「前文」の最初の文章は「日本国民は、正当に選挙された国会における代表者を通じて行動し、われらとわれらの子孫のために、諸国民との協和による成果と、わが国全土にわたって自由のもたらす恵沢を確保し、政府の行為によって再び戦争の惨禍が起ることのないようにすることを決意し、ここに主権が国民に存することを宣言し、この憲法を確定する」となっています。

いちばん初めに「正当に選挙された国会における代表者を通じて行動する」と書いてあります。つまり、議会制民主主義を謳っているのです。

その議会制民主主義では、たとえば、国会で反原発の議員が多数派になれば、脱原発に舵を切ることができます。原発だけでなく、「安保法制」も「共謀罪法」も「特定秘密保護法」も、国会で反対する議員が多数派になれば廃止することができるのです。

議会制民主主義の日本で、政治を変えたいなら、選挙が大事

――それが民主主義の主人公ってこと？

そうです。だから選挙というのは非常に重要です。選挙では、ただ投票するだけではなくて、自分でも立候補できます。

そういう意味では沖縄は辺野古反基地反対運動などで、座り込みもやっていますが、選挙運動も一生懸命やっていて、辺野古基地反対の市長を生み出したり、辺野古基地反対の知事を生み出したりしています。それが基地建設を止める力につながります。基地反対運動と選挙運動とがつながっているのです。

本当に政治を変えたいなら、そこを考える必要があります。反原発のためには、原発のある自治体選挙で勝ち抜く、自らも候補者になるし、仲間からも候補者を出して勝ち抜く。国政選挙でも多数派をとる。日本の市民運動はそういう選挙運動にもっと習熟する必要があります。

――でも、立候補するのはハードル高くない？

選挙のルールを決めているのは、「公職選挙法」という法律です。今の公職選挙法は、

戦前の１９２５年の「治安維持法」と同時にできた「普通選挙法」にルーツがあります。高額の供託金制度や、ビラの枚数制限、戸別訪問の禁止などが導入されています。

供託金制度とは、選挙に立候補する者が、届出にさいして一定額を納入しなければならない制度で、一定の得票数が獲得できなければ没収される、という制度です。お金がなければ立候補できないなんて、とんでもなく非民主的な制度です。

現在、供託金の額は次のようになっています。

国政選挙　衆議院議員、参議院議員：選挙区３００万円、比例区６００万円
地方選挙　都道府県知事：３００万円　都道府県議会議員：60万円
政令指定都市市長：２４０万円　政令指定都市議会議員：50万円
その他の市区の長：１００万円　その他の市区議会議員：30万円
町村長：50万円　町村議会議員：供託金不要

公職選挙法の定めている制度は、基本的には戦前から変わっていません。新しい憲法にあわせて公職選挙法も民主化されるべきだったと思いますが、戦後、公職選挙法の民主化運動はほとんど行われていません。こういう選挙制度そのものを考え直す運動も必要です。

現在、ＯＥＣＤ（経済協力開発機構）加盟35カ国のなかで、23カ国で供託金ゼロで国政選挙に立候補できます。

——今の制度でも市議会なら30万円なんだね。

いいところに気がつきましたね。地方議会はとても大事です。

２０１７年12月31日の時点で、都道府県議会の議員定数は約２６００人程度です。このうちの約半分の１２６６人が自民党議員で、２８３人が民進党、２０６人が公明党、１４９人が共産党の議員でした。

全国の１７４１ある市区町村議会の議員定数は約３万人です。このうち２７３５人が公明党、２６０４人が共産党、２００９人が自民党の議員ですが、2万人以上が無所属です。ただし、2万人以上の7〜8割は保守系、つまり自民党系といわれています。

ですから自民党系の国会議員が選挙に出るときは、まず自分の選挙区に行って、自分に投票してくれるように、自民党の都道府県議会議員の支援者を回ります。また都道府県議会議員などを通じて自分の選挙区の市区町村議会の議員を回って、自民党候補者に投票するよう働きかけます。そういう票の固め方をやっています。

——選挙演説とか選挙カーだけじゃないんだね。

そうです。したがって国の政治を変えようと思ったら、都道府県および市区町村の議会と、その長を変えていくことが重要なのです。

それと同時に、地方自治体では、保育所の設置や特別養護老人ホームの設置などの市民生活にもっとも密接に関係する政策が決められています。地方議会を傍聴するなどして、自分たちが払った税金の使われ方がどう決まっているかなど、しっかり監視をしていくことは、とても重要です。

そういうところから、政治を考えるような習慣をつくっていく必要があります。

また、司法（裁判所）の民主化も必要です。

司法の役割は、国民・市民の基本的人権を守るという視点から、立法（国会）と行政（政府）をチェックすることにあります。本来の役割を果たすことができる司法が確立していれば、いくら政治がひどくても、司法で正すことができます。

第4章で、戦後ドイツの取り組みについて紹介しましたが、ドイツでは裁判所でも、若手の裁判官から改革運動が起こって、裁判所のなかに裁判官組合などの組織がたくさんでました。そして、裁判官自身が反原発運動や米軍基地反対などの、デモや市民集会に参加するのが当たり前になっています。

日本の裁判官で、反原発運動や安保法制反対運動、憲法改悪反対運動などに参加する人はひとりもいません。そのような市民運動に裁判官が参加すれば、その裁判官は懲戒処分を受ける恐れがあります。

ドイツでは裁判官がデモや市民集会に参加するのが当たり前

――でも、裁判官は政治的に中立であるべきじゃないの？

日本ではそう言われていますが、はたしてそうでしょうか。ドイツの場合は、司法の中立性、裁判官の中立性という建前を維持したために、ナチスの人権侵害に協力してしまった歴史があることから、むしろ国民の人権を守るためには、裁判官の市民的・政治的自由を保障することが重要だとされています。なので、裁判官が市民集会に出たり、自分の支持する政党はどこかをはっきりと言うことは当然のこととされているのです。

第3章でお話ししたように、日本では戦前、政府の方針に従って反戦運動や植民地の独立運動を弾圧していた裁判官、つまり国民・市民の人権を侵害していた裁判官が戦後も裁判所にそのまま残りました。

また、裁判官の人事、処遇は、最高裁判所の事務総局が決めています。ですから最高裁判所に気に入られるような判決を出す人は出世しますし、気に入らない判決を出す人は不当な処遇を受けてしまいます。そんなわけで、裁判官は最高裁判所ばかりを気にして、国民・市民のほうを見ない人が多いのが現状です。

こういう裁判所のあり方自体を民主化する運動も必要です。

――どうやって?

参考になる運動が韓国で行われています。

「参与連帯」という市民運動の団体が、1000人くらいいる裁判官の監視運動をしています。ひとりひとりの裁判官について、どういう判決を出したかを監視、結果を公開しています。もし国民・市民の人権を守る判決を出した裁判官が、そのために不当な人事、処遇を受けたら裁判所に抗議をする、ということも行っています。民主的な裁判官をサポートする運動でもあります。

日本の裁判官は2850人くらいです。日本でも2850人の裁判官をひとりひとりチ

ソウルの参与連帯のビル

セウォル号被害者遺族への連帯を表す黄色のリボンが窓の外に結びつけられています (2017 年 10 月撮影)。

ェックする市民運動をつくる必要があります。

参与連帯は1万5000人くらいの会員がいて、その会費収入などでソウル市内に5階建ての自前のビルを所有し、60人の専従のスタッフがいる韓国でも有名な市民運動組織です。創設者の1人パク・ウォンスン（朴元淳）さんという弁護士は、2011年から3期連続で、ソウル市長を務めています。

——市長になるってすごいね。

はい。多くの人が支援する市民運動組織なので、実現できることも大きいのです。参与連帯には司法を監視する部署のほか、議会を監視する部署などもあり、ひとりひとりの国会議員について、どういう法案に賛成して、どういう法案に反対したかなど、情報を集めてチェックしています。そして問題のある国会議員については、落選運動なども行っています。

2016～17年にかけて、韓国の「ろうそく市民革命」では、当時のパク・クネ（朴槿恵）大統領の退陣を求める市民集会が20回あり、全国で1650万人の市民が参加しました。韓国の人口は約５０００万人ですから、３人に１人の市民が集会に参加した計算になります。ソウルの集会では多いときは1回の集会に２００万人を超える市民が参加しました。人々がろうそくを手に集まったので、「ろうそく市民革命」と呼ばれています。

ソウルで２００万人というのは、人口が約2倍あまりの日本では４００万人以上に相当します。国会前はせいぜい20〜30万人しか集まれません。数百万人の集会ができるのは、東京では皇居前広場しかないのではないかと思います。それくらいの規模の市民が集まったのです。

市民が抗議したのは、ひとつには当時のパク・クネ大統領の友人が、大統領との関係を利用して、国の政治に関わったり、自分の子どもを梨花(イファ)女子大学という名門の大学に不正に入学させていた、ということです。

２０１７年3月にパク大統領は退陣に追いやられました。

けれども、パク大統領はデモや集会があったから退陣したのではありません。必要な制度的な手続きを経て、その結果退陣に追い込まれたのです。２０１６年12月9日に国会で大統領の弾劾(だんがい)訴追(そつい)案が可決されます。つぎに、それを受けて、憲法裁判所で審議され、２０１７年3月10日に罷免(ひめん)決定が出て、パク大統領は退陣せざるを得なくなりました。

――何百万人も集まったデモや集会も、関係があったんじゃない？

大規模なデモや集会は、国会や憲法裁判所での判断に影響を与えた面はありますが、パク大統領は法的手続き、憲法で決められた手続きによって辞めさせられたのです。デモや集会で自分の考えを表明するのは民主主義社会の基本ですが、民主主義社会の主人公として、政治や社会を変えようと思えば、それだけでは不十分です。選挙を通じて国会や地方議会議員の構成を変えたり、司法制度を民主化することが求められているのです。

――民主主義社会の主人公ってたいへんなんだね。

そうです。でも、本当の意味で民主主義社会を実現するには必要なことです。スウェーデンやデンマークでは子どもたちが民主主義社会の主人公になれるような教育が、学校で行われています。次にその取り組みを紹介して、あなたができることのヒントを考えていきましょう。

2 私にもできることってあるの？

——学校でも民主主義社会の主人公になれるの？

はい。2018年6月、私はスウェーデンに行って、「学校選挙本部」を見学してきました。とても参考になる活動です。

スウェーデンには国政選挙が行われるたびに、若者が「学校選挙本部」を立ち上げて、全国の中学生と高校生を対象に、国政選挙とまったく同じ投票用紙を使って、模擬投票を呼びかける運動があります。

1960年代に少人数の若者が始めたということですが、現在では全国的に取り組まれるようになりました。この運動は、中学生や高校生の民主主義教育にとって有意義であるとして、今では国も補助金を出して支援しています。ストックホルム郊外にある「全国生徒会連合」の事務所の一画が学校選挙本部になっています。運営するのはあくまで若者です。選挙期間中には、全国各地の中学生や高校生が学校に各政党の代表や、青年部の活動家を呼んで、公開討論会を開催するなどして中学生・高校生に投票を呼びかけます。中高生たちの選挙結果は、じっさいの選挙の投票締め切りのあと公表されます。こういうことが当たり前のように行われています。

日本では学校に政党の関係者や活動家を呼ぶなんて考えられませんが、ほんとうの民主主義教育、主権者教育というのはこういうもののはずです。

――学校でじっさいの選挙について意見をきいたり、投票していれば、選挙年齢になったときもちゃんと投票できるね。

はい。投票だけでなく、立候補もできます。

スウェーデンを訪れたとき、社会民主労働党の国会議員に話を聞きましたが、福祉国家をつくるいちばん大きな要因は、民主主義の伝統だと言います。

象徴的なのは投票率で、スウェーデンでは、戦後、総選挙の投票率が80％を下回ったことがありません。２０１４年は85・８％でした。18歳選挙権で、18歳で被選挙権もありま

全国生徒会連合の事務所でスウェーデンの学校選挙について説明する若者たち
毎年、ロゴやポスターをつくってキャンペーンを展開します。

SKOLVAL
2018

ウプサラ市の「若者の家」の運営メンバーの若者
「若者の家」はスウェーデンの若者自身が民主的に運営する若者のための余暇活動団体です。

す。18歳の人の投票率は83%。ですから18歳の国会議員も誕生しているし、20歳代の女性で大臣になっている人もいます。

――18歳で国会議員？

はい。2010年に、「若者による路上での暴力を止めよう」という主張を掲げたアントン・アベレさんが18歳で国会議員になっています。そういう民主主義の伝統が福祉社会をつくっている、というのです。高い投票率によって、本当に自分たちの代表だと思える人を国会に送っているので、政府にたいする信頼も厚く、多くの人が高い税金を納得して払って、その税金で教育も大学まで無償になっているし、医療費負担もほんのわずかで、社会保障がきわめて充実しています。

民主主義社会の主人公ということについて、デンマークの学校も紹介しましょう。

デンマークでは、1815年に義務教育がはじまっています。

デンマークは今は小さな半島といくつかの島からなる国で国土が狭いのですが、バイキング時代は大帝国で、今のノルウェーがあるところくらいまでデンマーク領でした。ところが、戦争をやるたびに国土を失って、それを取り返そうと戦争をしてまた負けて、どんどん国土が小さくなって、結局は今くらいになりました。

そこで、今度は戦争で失ったものを国土の中で取り返そうという考え方に変えて、残っている湿地帯を開墾して肥沃な農地に変えていきました。それとともに、教育が大事ということで力をいれたのだそうです。

デンマークの教育の基本は他人の目を気にするのではなく、自分の頭で考え自分で決める「自己決定」と、みんなで徹底的に議論して物事を決めていく「民主主義」と、困難を抱えた人をみんなで支え合う「社会的連帯意識」の3つだそうです。子どものときからこれらを大切にするような教育が行われています。そして、どういう問題でもすべて議論して決めます。

デンマークの教育は小中高と試験がありません。したがって通知表もないし、大学の入学試験もありません。これはスウェーデンも同じです。

保育園では、読み書きを教えてはいけない、ということがひとつの決まりらしいです。子どもの仕事は遊ぶことで、字をおぼえることではないからだそうです。小学校になっても、通知表はなくて民主主義教育が基本です。みんなで討論して教育を進めていきます。日本のように教室で先生が教壇の上から一方的に話して知識を詰め込むのではなく、対話をつうじた教育です。

――高校までずっとそういうやりかたなの？

はい。そういう教育で学力が低くて困るかと言えばそういうことはなく、２０１７年のデンマークの一人あたりＧＤＰ（国民総生産）は世界の10位。過労死するまで働いている日本の一人あたりＧＤＰは25位です。デンマークは週37時間（週５日として１日あたり７．４時間）労働で、残業する人はいませんから過労死や過労自殺はありません。さらに有給休暇は年に６週間あって、そのうちの３週間を夏に集中的にとって、家族と旅行するのが一般的だそうです。日本とはずいぶんちがう社会です。

また、所得格差を表すジニ指数（完全平等なら０、完全不平等なら１で表される）は、２０１５年、デンマークは０・２６、もっとも低い国々は０・２５（もっとも高い国は０．６２）で、世界でも有数の格差の少ない社会です。日本は０・３３です。

自己決定、自主性を民主主義の前提としているデンマークの学校では、学校運営についても、子どもたちの意見を大人と同じように重視します。小学校、中学校、高校にそれぞ

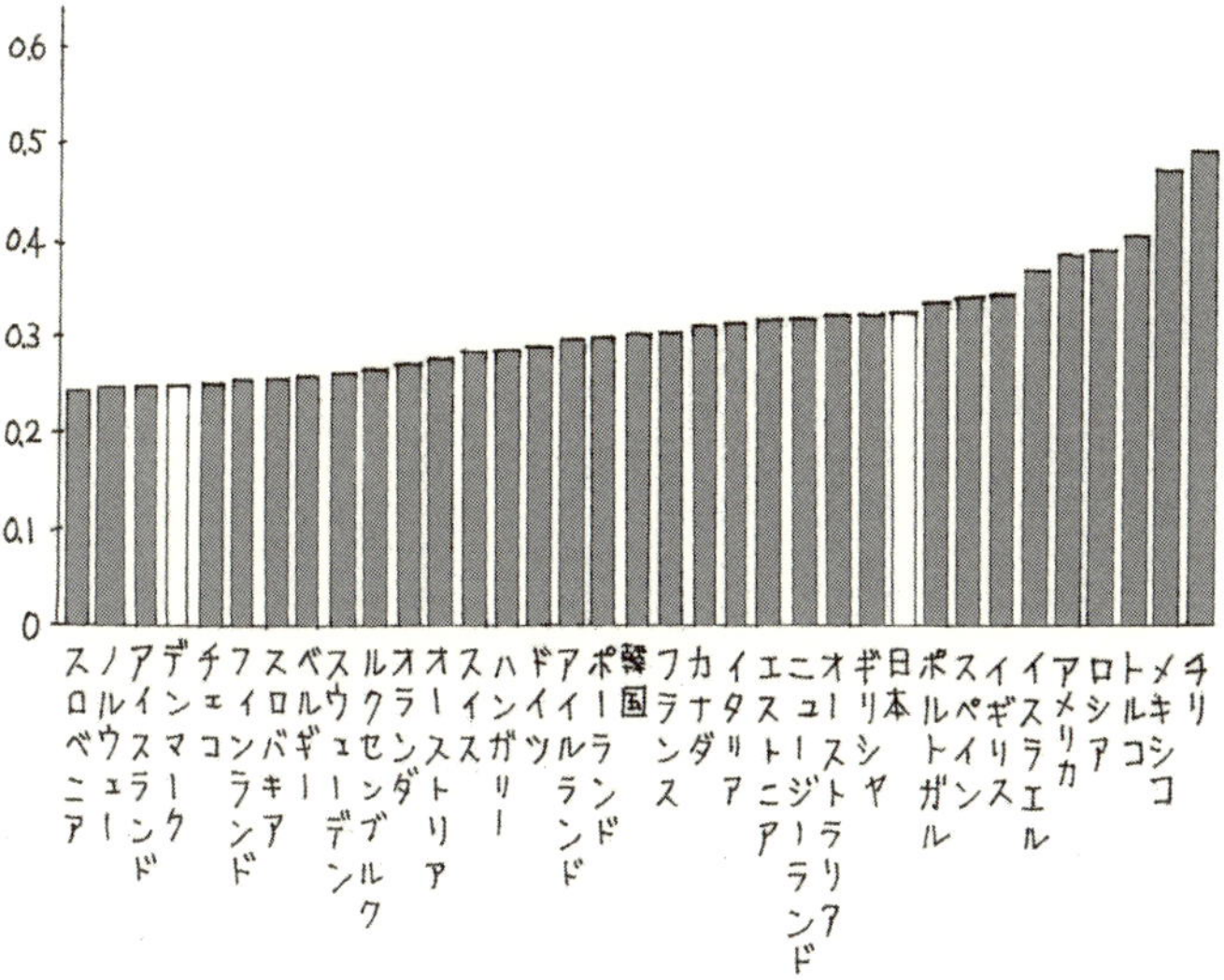
0.6
0.5
0.4
0.3
0.2
0.1
0
スロベニア
ノルウェー
アイスランド
デンマーク
チェコ
フィンランド
スロバキア
ベルギー
スウェーデン
ルクセンブルク
オランダ
オーストリア
スイス
ハンガリー
ドイツ
アイルランド
ポーランド
韓国
フランス
カナダ
イタリア
エストニア
ニュージーランド
オーストラリア
ギリシャ
日本
ポルトガル
スペイン
イギリス
イスラエル
アメリカ
ロシア
トルコ
メキシコ
チリ

ジニ指数の比較

れ学校を運営する理事会が設置されていて、そこには、保護者と教師代表と、かならず生徒代表がはいり、そこで学校のルールを決めます。

校長は理事にはなれません。そして、校長は理事会で決めたことは守らなければなりません。学校の運営自体が民主主義的なのです。


——学校の運営に生徒がかかわるの？


はい。民主主義を知識として教えるのではなく、民主主義を学校で実践することで、子どもたちが民主主義を身に着けられるような教育をしているのです。ですから、子どもたちは学校のなかでも主人公です。

一方、日本の場合は学校の校則は学校が決めていますが、生徒が関与しないで校則を決めていること自体が非民主的です。民主主義的な教育をするなら、ほんとうは子どもたちも決定にかかわらなければ、おかしいのです。日本は民主主義の教育を知識として上から非民主主義的に教えているから、社会に民主主義がなかなか根付かないのだと思います。

日本の戦後の教育は、たしかに「日本は神の国」というように神話を事実として教えたり、「現人神である天皇の国」という教え方はしなくなりました。それに代わって、日本は民主主義の国だということは教えているかもしれませんが、教え方は上からのおしつけで変わっていないのです。

教える内容は一見民主的なようでも、非常に非民主的な教え方をしていて、子どもたちひとりひとりが自主的にものを考えて、自分の考えを持ち、主体的な人間として、またこの国の主権者として成長していくことがほとんど無視されています。

——学校は知識を学ぶところで、自主的とか自分の考えとかは関係ないと思ってた。

そうですね。偏差値重視の学校教育のなかでは、そう思うのが当たり前だと思います。でも、民主主義は生き方に直結するものです。基本的人権を保障している憲法を教えるにしても、知識として教えるのではなくて、その権利の行使の仕方を教える必要があります。たとえば、憲法第25条は「国民は、健康で文化的な最低限度の生活を営む権利を有する」としています。憲法25条を具体化した法制度のひとつが生活保護制度なので、憲法25条を教えるには、生活保護の内容と利用の仕方を教えるべきです。

また、第27条2項「賃金、就業時間、休息その他の勤労条件に関する基準は、法律でこれを定める」については、これを具体化したのが労働基準法なので、憲法第27条を教えるときは、労働基準法を教える必要があります。現在、社会的に問題となっているブラック企業やブラックバイトでは、労働基準法が守られていません。ブラック企業やブラックバイトに対抗する力をつけるためにも労働基準法を教えることが有効です。

また、第28条では「勤労者の団結する権利および団体交渉その他の団体行動をする権利は、これを保障する」と、勤労者の団結権、団体交渉権、団体行動権を保障していますから、労働組合のつくり方などを学校で教えるべきなのです。

第21条「集会、結社および言論、出版その他一切の表現の自由は、これを保障する」についていては、知識として教えるだけでなく、デモのやり方とかビラのまき方とか集会のやり方を教えるべきです。

――そんなこと、ありえないと思う。

そう思うかもしれませんね。でも、民主主義は知識として覚えるだけでは足りないのです。

２０１５年、選挙権年齢が18歳以上になったことにともなって、文部科学省は「高等学校等における政治的教養の教育と高等学校等の生徒による政治的活動等について」という通知を出しました。この通知は、高校生の自由な政治活動を制限しようとしており、高校生を管理しようとする意図が現れている通知です。

先に紹介したスウェーデンでは、国は学校選挙本部の活動に口出しをしないで、お金を出して応援しています。それと比較すると、この文部省の通知は、高校生をひとりの主権者として処遇しておらず、上から目線での教育指導の対象としか見ていない内容になっています。文部科学省がほんとうに民主主義社会における主権者を育成しようとしているのか、おおいに疑問が残る通知だと言わなければなりません。

――生徒が学校でできることはある？

たとえば先ほど挙げた校則です。民主主義なら、校則は生徒も参加して決めるべきです。憲法では「国会は、国権の最高機関であって、国の唯一の立法機関である」（第41条）と定めています。国のルールである法律をつくることができるのは、選挙で選ばれた国民の代表で構成する国会だけです。自分たちの社会のルールは自分たちでつくるのが民主主義です。


もちろん、あなたができることは学校のなかだけに限りません。

暴力を止めよう、と主張して18歳で国会議員になったスウェーデンのアントン・アベレ

「自分たちの社会のルールは自分たちがつくるのが民主主義」

さんのように、自分たちをとりまく問題、困っている問題に関心を持って行動してもいいでしょう。あるいは、アジアなどの貧困の問題や学校に行けない子どもたちへの支援など、あなたが人権が守られていないと気づいたことならなんでもいいので、そこへ飛び込んでみることです。

——そう言われても、そこまで困ってないし、そういうことやってたら「ヘンな人」と思われて、将来の就職のときにも不利になる気がする。

そうですね。そういう不安を持つのものわかります。

日本では新卒で正社員として就職できなければ大きなハンデを負うことになります。日本のレールしかなくて、そこから外れてしまったらやり直しが難しい社会です。日本の若い人があまり社会運動に参加しないのは、そういうことをやっていたら、レールから落ちてしまうという恐怖感からだと思います。親も、社会も、学校の先生もそう言いますから、そう思うのも無理はないことです。

でも、そうやって萎縮(いしゅく)していると、ますます生きづらくなってしまいます。レールから落ちないようにと思ってもみんなが落ちないでいられるわけではありませんし、じっさいにはレールから外れて活き活きと生きている人もたくさんいます。

小さくても一歩を踏み出せば、世の中のことと同時に、自分たちの社会がよく見えてきます。自分で何かを始めるのは無理でも、そういう活動をしている人や団体はあるものです。一歩を踏み出せば、必ず仲間に出会えます。

あなたが民主主義社会の主人公にならなければ、権力を持った人たちにいいように決められるだけです。「ヘンな人」「変わり者」になるのを恐れないで、行動を起こしてみてください。主人公として生きるほうがずっと楽しいはずです。

――天皇制の本なのに、最後はちがう話になっちゃったね。

天皇制の問題について考えを進めるということは、原点にもどって、私たちの人権や民主主義、自由を考えることにつながっています。天皇制について、それがいいか悪いかだけではなく、自分たちの社会そのものを問い直す、そういう視点でお話ししてきました。

最後は民主主義の主人公になるというところに到達しました。今度はこの地点から、もう一度、天皇制のある今の日本を眺めてみてください。「自分たちの社会は自分たちがつくっていく」というあなたの視界には、どんな世界が見えているでしょうか。

おわりに

　ここまで読んできて、天皇制や日本社会について持っていたイメージが変わったでしょうか？

「戦前の日本は全体主義的で自由も民主主義もなかったけれど、戦後は国民主権を謳った憲法ができて、民主主義国家になった」「日本は欧米と同じように基本的人権が守られている国だ」というイメージがあります。あなたもなんとなくそう思っていたのではないでしょうか？　でも国際的にみれば、日本社会は民主主義や人権にたいする意識が未熟で、人権が尊重されない社会というのが現状です。

　医学部の入学試験で女子学生が差別を受けていたり、省庁などいくつもの国の機関が、障がい者の雇用人数を水増ししていたり、憲法を尊重する義務がある国会議員が、同性カップルなどを念頭に子どもが産めないことを「生産性がない」と発言するというようなことが次々に起きています。

　また、生活保護問題に取り組む弁護士などが２０１８年に行った電話相談には、「食事を削っている」「交際費が出せず、一切外出しない」など、生活保護を利用している人たちから切実な声が寄せられています。憲法第25条が保障する「健康で文化的な最低限度の生活」とは程遠い生活です。

そのうえ、こういうことが明らかになっても、怒りの声はあまり大きくなりません。これらすべては、人権はみんなにあって誰も差別されない、という人権についての意識が低いために起こっていることです。

現在の政府は、生活保護をはじめ、医療、年金、介護などの社会保障費を削って防衛予算を増やしています。自分たち（自民党）がつくった憲法改正草案では、「天皇を戴く国家」ということを打ち出しています。「戦争しない国」から「戦争する国」へと舵を切ろうとする憲法案で、天皇の存在が大きいことは偶然ではないでしょう。

戦争は最大の人権侵害です。

戦前も、戦争に反対する考えの人はいましたが、その声はごく一部にとどまり、大きくなることはありませんでした。その結果、日本は侵略戦争と植民地支配に突き進み、最後は広島と長崎に原爆が落とされ、約310万人の人が亡くなりました。自分たちだけではなく、アジア諸国ではおよそ2000万人を犠牲にしてしまいました。

そういう大きな流れから外れて、戦争に反対する人がもっと多く立ち上がっていれば、日本の行方はもう少しちがっていたと思います。

日本は管理された社会で、空気を読む、周りの人の考え方にあわせて自分の立ち位置を決めていく社会です。そこから一歩はみでることは非常に勇気のいることですが、そうしないことは結果として、最大の人権侵害を許す社会へと進むことになります。今また、日本で戦争への準備が進められようとしていますが、それにたいして意識的に努力し、行動しなければ、戦前とおなじことを繰り返すことになります。

そういう意味で、日本社会は大きな転換点のただなかにあるといっていいでしょう。その大きな変化のなかで、２０１９年には天皇の生前退位、即位が行われ、天皇制自体も新たな局面を迎えます。

日本国憲法では、象徴としての天皇の地位は、「主権の存する日本国民の総意にもとづく」としています。天皇制のあり方は、あなたや私、国民の意思にゆだねられているのです。民主主義的とはいいがたい今の日本社会ですが、「民主主義社会の主人公」の視点から、どんな天皇制を望むのか、あるいは望まないのか、国民的な議論によって探っていく必要があります。そのためには、遠回りのようですが、まずは民主主義の主人公になるところから始めることです。

現在のソウル市長のパク・ウォンスンさんは、市長になる前の２０００年ごろ、日本のさまざまな市民運動団体、とくに当時韓国にはなかった生協運動に関心をもって日本を訪れ、そこで見聞きしたことを韓国での運動に生かしたそうです。そのときのことをまとめた『韓国市民運動家のまなざし　日本社会の希望を求めて』という本のタイトルは、当初は『パク・ウォンスン弁護士の日本市民社会紀行――変わり者を訪ねて』と考えられていたそうです。

この本の中で、パク・ウォンスンさんは、「自分の利益ばかりを考えるのではなく、社会と共同体のために活動する人たちはどこの社会でも『変わり者』である。そうした変わり者が多い社会ほどよい社会である」と言っています。

あなたが「変わり者」になると、その分、社会が確実に少しよくなるのです。「変わり者」になると一般的なレールからは外れるかもしれませんが、人生は、回り道をしても、そのことでいいこともあるものです。私は弁護士事務所を2回もクビになっていますが、そのことがきっかけでその後の道が開けました。

回り道をしたり、はぐれものになることをおそれずに行動すれば、必ず仲間が見つかります。これからの社会は若い人たちがつくっていくものです。この本が、民主主義社会の主人公としてあなたが一歩を踏み出すきっかけになれば幸いです。

宇都宮健児（うつのみや けんじ）

1946年愛媛県生まれ。弁護士。地下鉄サリン事件被害対策弁護団団長、年越し派遣村名誉村長、日本弁護士連合会会長などを歴任。2012年と2014年の都知事選に出馬。

現在、全国ヤミ金融・悪質金融対策会議代表幹事、反貧困ネットワーク代表世話人、人間らしい労働と生活を求める連絡会議（生活底上げ会議）代表世話人、公正な税制を求める市民連絡会共同代表、希望のまち東京をつくる会代表、『週刊金曜日』編集委員などを務める。

著書に『東京をどうする』『希望社会の実現』（花伝社）、

『弁護士冥利——だから私は闘い続ける』（東海教育研究所）、

『自己責任論の嘘』（KKベストセラーズ）など多数。

中学生の質問箱
天皇制ってなんだろう？
あなたと考えたい民主主義からみた天皇制

発行日　2018年12月12日　初版第1刷
　　　　2022年4月9日　初版第2刷

著　者　宇都宮健児
編　集　山本明子（平凡社）
構成・編集　市川はるみ
発行者　下中美都
発行所　株式会社平凡社
〒101-0051 東京都千代田区神田神保町3-29
電話　03-3230-6579（編集）
　　　03-3230-6573（営業）
振替　00180-0-29639
平凡社ホームページ https://www.heibonsha.co.jp/

装幀＋本文デザイン　坂川事務所
DTP　柳裕子
協力　玉川潤
印刷・製本　中央精版印刷株式会社

ISBN978-4-582-83793-3
NDC分類番号313.61　四六判（18.8cm）　総ページ224
乱丁・落丁本のお取替えは直接小社読者サービス係までお送りください（送料は小社で負担します）。